TUNESIEN

MEDITERRANE KÖSTLICHKEITEN

TUNESIEN

MEDITERRANE KÖSTLICHKEITEN

KÖNEMANN

Inhalt

Rezeptverzeichnis

Schwierigkeitsgrade:

✯	leicht
✯✯	mittel
✯✯✯	anspruchsvoll

Kalte & warme Vorspeisen 8

Suppen & Taginen 44

Teigwaren & Couscous 76

Fisch 106

Fleisch & Ragout 128

Desserts & Gebäck 154

Kalte & warme Vorspeisen

Chakchouka

Vorbereitungszeit: *30 Minuten*
Garzeit: *1 Stunde 25 Minuten*
Schwierigkeitsgrad: ★★

Für 4 Personen

500 g	Schnecken, tiefgefroren
1 oder 2 Zweige	frischer Thymian
1 oder 2 Zweige	frischer Rosmarin
50 g	Knoblauch
1 TL	gemahlener Kümmel
½ TL	gemahlener Koriander
	Salz

400 g	roter Kürbis
300 g	Zwiebeln
4	grüne, mittelscharfe Peperoni
200 g	frische Tomaten
200 ml	Olivenöl
1 EL	Tomatenmark
	Pfeffer
½ TL	zerstoßener Piment
1 TL	Harissa (Gewürzmischung)
50 g	glatte Petersilie (nach Belieben)

Die *Chakchouka* mit Schnecken kommt in der Region Ksour Essef und in Mahdia im Osten Tunesiens häufig auf den Tisch. *Chakchouka* ist aber in ganz Tunesien sehr beliebt. Man versteht darunter ein Gemüseragout aus Zwiebeln, frischen Tomaten, Paprika, Knoblauch, Kümmel, Tomatenmark, Harissa, Salz und Pfeffer. Die Einwohner Mahdias fügen gerne noch grüne Bohnen hinzu, während man in Ksour Essef roten Kürbis bevorzugt. Manchmal wird das Gericht auch mit Kartoffeln, Erbsen oder Linsen angereichert.

Je nach Region, aus der die Köche stammen, werden zur *Chakchouka* würzige Bratwurst, Tintenfisch, Krabben oder Eier gereicht. Chokri Chteoui stammt aus Ksour Essef und ist so experimentierfreudig, Schnecken hinzuzufügen. Denn in seiner Jugend hat der Küchenchef, wie bei den Kindern aus dieser Gegend noch heute üblich, die Regentage genutzt, um im Wald nach kleinen Schnecken zu suchen. In Tunesien sind Schnecken nicht als Konserven erhältlich. Deshalb kauft Chokri Chteoui sie lebend auf dem *souk* (Markt). Anschließend füttert er sie mehrere Tage lang mit Grieß, Thymian und Rosmarin, damit sie vor dem Kochen den Geschmack der Kräuter annehmen.

Für sein Rezept hat der Küchenchef zwei örtliche Schneckenarten verwendet: eine sehr kleine mit weißem Haus, das mit einer schokoladenbraunen Spirale verziert ist, und eine zweite, die einer Weinbergschnecke mit einem grauen, fein gestreiften Haus ähnelt. Aber andere Schnecken eignen sich auch. Wenn Sie Schnecken aus der Konserve verwenden, entfällt die 45-minütige Kochzeit.

Chokri Chteoui hat einen handelsüblichen roten Kürbis verwendet. In der tunesischen Küche wird dieser oft zu Couscous oder *Chakchouka* gereicht oder als Püree zubereitet.

Die Schnecken in reichlich Wasser waschen. 45 Minuten in einem Topf mit heißem Wasser, Thymian und Rosmarin kochen. Während dieser Zeit den Knoblauch mit Kümmel, Koriander und Salz zerdrücken.

Kürbis und Zwiebeln schälen und grob würfeln. Paprika in Streifen schneiden. Tomaten halbieren, Samen entfernen, vierteln, dann in Würfel schneiden.

Olivenöl in einem Topf erhitzen. Zwiebelwürfel in das heiße Öl geben und unter Rühren goldgelb anbraten, sodass sie nicht verbrennen.

mit Schnecken

Wenn die Zwiebelwürfel eine goldgelbe Farbe haben, Tomatenmark hinzufügen und umrühren. Tomatenwürfel zugeben und bei starker Hitze gut umrühren und mit Salz und Pfeffer abschmecken.

Mit zerstoßenem Piment bestreuen. Harissa, Kürbiswürfel, Paprikastreifen und Knoblauch samt Kräutern hinzufügen. Bei schwacher Hitze 15–20 Minuten köcheln lassen, bis das Gemüse weich ist. Fertig ist die eigentliche Chakchouka.

Wenn die Schnecken gar sind, abtropfen lassen und unter das Gericht rühren. Unter ständigem Rühren noch einmal etwa 10 Minuten erhitzen. Heiß servieren.

Paprika mit

Vorbereitungszeit: *40 Minuten*
Garzeit: *15 Minuten*
Schwierigkeitsgrad: ★

Für 4 Personen

500 g	grüne Paprika
250 g	Tomaten
1	Zwiebel
3 EL	Olivenöl
	Salz
	Pfeffer
Öl	zum Anbraten

Füllung:

500 g	Wittling
	Salz
	Pfeffer
1	Kartoffel
150 g	Petersilie
1	Zwiebel
1 Scheibe	Toastbrot
50 ml	Olivenöl
5 g	gemahlener Koriander
1 TL	Kreuzkümmel
5 g	Harissa (Gewürzmischung)
5 g	Paprikapulver
4	Eier

Zum Garnieren:
gehackte Petersilie

Das arabische Wort *felfel* bedeutet »Paprika«. Paprika sind eine unverzichtbare Zutat der tunesischen Küche und werden in ihrer süßen und schärferen Variante in vielen verschiedenen Rezepten verwendet.

In der Regel essen tunesische Familien *felfel* mit Fleisch. Doch in der Hafenstadt Bizerte besteht die Füllung aus Fisch. Diese heiß oder kalt servierte Vorspeise wurde ursprünglich vor allem von den Frauen der Fischer zubereitet. Wenn die Fischer aufs Meer hinausfuhren, nahmen sie dieses Paprikagericht mit. Heutzutage kommt die beliebte Speise bei fast allen Familien in Bizerte auf den Tisch.

Diese regionale Spezialität ist im ganzen Land bekannt und vor allem im Sommer beliebt, wenn es die frischsten Paprika auf dem Markt gibt. Wie die Tomate gehört auch die Paprika zu den Nachtschattengewächsen. Sie wurde durch die arabischstämmigen Andalusier nach Nordafrika gebracht, nachdem diese aus Südspanien vertrieben wurden. Die Tunesier pflanzen verschiedene Sorten an, die sie frisch oder getrocknet verzehren.

Unser Küchenchef empfiehlt, die Paprika vor dem Anbraten zu häuten. So behalten sie ihre schöne, grüne Farbe und sind leichter verdaulich.

Der Wittling ist für die Zubereitung der Füllung besonders gut geeignet. Sein Fleisch ist sehr fein, weiß und lässt sich leicht zerteilen. Er ist in Bizerte auch auf dem Markt erhältlich. Wenn er frisch ist, erkennt man dies an seinen roten Kiemen, den glänzenden Augen und der silberfarbenen Haut. Er kann auch durch Sardinen ersetzt werden. Wenn Sie die Füllung zubereiten, können Sie auch eine kleine Menge für *kefta* (kleine Fischbällchen) aufheben. Diese sind als Vorspeise ebenfalls sehr beliebt.

Mit dem Daumen den Stiel leicht in die Paprika hineindrücken. Dann den Stiel mit den Samen herausziehen. Die Stiele unter fließendem Wasser von den Samen befreien und beiseite legen.

Fischfilet etwa 10 Minuten in Wasser mit Salz und Pfeffer pochieren, anschließend hacken. Die Kartoffel gar kochen und zerdrücken.

In einer Schüssel die Füllung mit dem gehackten Fisch und der Kartoffel zubereiten. Petersilie und Zwiebel hacken und hinzufügen.

Fischfüllung

Toastbrotscheibe zerbröseln und der Füllung zugeben. 50 ml Olivenöl zugießen und umrühren.

Füllung mit Salz, Pfeffer, Koriander, Kreuzkümmel, Harissa und Paprikapulver würzen. Die Eier hinzufügen und umrühren. Tomaten abziehen, Samen entfernen, würfeln und dann mit der gehackten Zwiebel in 3 Esslöffeln Olivenöl dünsten. Salzen, pfeffern und beiseite stellen.

Die Paprika mit den Fingern füllen. Die Stiele wieder darauf setzen und die Paprika in Öl 2–3 Minuten anbraten. Mit dem Tomatenpüree auf einem Teller anrichten und mit gehackter Petersilie bestreuen.

Bissara

Vorbereitungszeit: *30 Minuten*
Garzeit: *30 Minuten*
Schwierigkeitsgrad: ★

Für 4 Personen

1	Zwiebel
2	Knoblauchzehen
50 ml	Olivenöl
1 EL	Tomatenmark
2	Tomaten
	Salz
	Pfeffer
500 g	Dicke Bohnen
4	Eier

Die Gastfreundschaft der Tunesier ist weltberühmt. Wenn Sie die Ehre haben, bei einer Familie zum Essen eingeladen zu sein, werden die zahlreichen Vorspeisen Sie beeindrucken.

Die *Bissara* mit Dicken Bohnen wird im Allgemeinen als zweite warme Vorspeise gereicht. In manchen tunesischen Familien wird sie jedoch auch als Hauptgericht gegessen. Sie stammt aus dem Nordwesten Tunesiens und basiert auf einem traditionellen bäuerlichen Rezept. In der ländlichen Region ist dieses Gericht beliebt, weil es satt macht und rasch zubereitet ist.

Die Dicken Bohnen werden im Hinterland von Béja angebaut und gehören als Zutat in viele tunesische Rezepte. Sie sind selbst getrocknet noch besonders reich an Eiweiß und Vitaminen. Wenn Sie möchten, können Sie diese Bohnen durch Erbsen ersetzen, die zur selben Pflanzenfamilie gehören.

Die Dicken Bohnen stammen aus Persien und Afrika und sind seit dem Altertum im gesamten Mittelmeerraum verbreitet. Das Frühlings- und Wintergemüse wird manchmal auch kalt im Salat verwendet. Wenn die Bohnen jung sind, muss die dünne Haut nicht entfernt werden.

Zwiebeln, die ebenfalls für die *Bissara* verwendet werden, finden Sie auch in zahlreichen anderen tunesischen Rezepten. Die *Bissara* wird mit einem weich gekochten Ei serviert. Eier sind wegen ihres Nährwertes und ihrer Vielseitigkeit in Tunesien sehr beliebt. Frische Eier kann man mindestens drei Wochen im Kühlschrank aufbewahren.

Zwiebel und Knoblauchzehen schälen. Zwiebel hacken und in 50 ml Olivenöl 3–4 Minuten dünsten. Den zerdrückten Knoblauch hinzufügen und umrühren.

Das Tomatenmark unterrühren.

Die Tomaten abziehen, Samen entfernen und Tomaten in kleine Würfel schneiden. Untermischen, salzen und pfeffern. Ca. 5 Minuten köcheln lassen.

Umrühren und 100 ml Wasser zugießen.

Bohnen enthülsen, die erste Haut abziehen. Die Bohnen hinzufügen. 15–20 Minuten köcheln lassen.

Eier zugeben und zugedeckt in der Mischung etwa 8 Minuten pochieren. Die Eier mit einem Schaumlöffel herausnehmen und mit den Bohnen und der Tomatensauce auf Tellern anrichten.

Ojja mit

Vorbereitungszeit: *35 Minuten*
Garzeit: *40 Minuten*
Schwierigkeitsgrad: ✭

Für 4 Personen

50 ml	Olivenöl
25 g	Tomatenmark
2	Knoblauchzehen
150 g	Tomaten
	Salz
	Pfeffer
1 TL	Kümmel
100 g	grüne Paprika
4	Eier

Fleischbällchen:

150 g	Rinderhackfleisch
1	Zwiebel
25 g	Petersilie
1 TL	Kümmel
5 g	Minze, getrocknet
1 TL	Harissa (Gewürzmischung)
	Salz
	Pfeffer

Zum Garnieren:

Petersilie (nach Belieben)

Die Einwohner Nabeuls schätzen die *Ojja* sehr, und auch in der Gegend von Tunis ist dieses Gericht äußerst beliebt. Es besteht aus Tomaten, Paprika und Eiern und wird – je nach Geschmack – mit Lammhirn, getrockneten Heringen, würziger Bratwurst, Krabben oder Fleischbällchen serviert.

Die *Ojja* ist im Handumdrehen zubereitet und wird in der Regel als zweite Vorspeise oder Hauptgericht gegessen. Unser Küchenchef meint, dass diese Speise vor allem bei jungen Paaren beliebt ist. *»Sie ist im Nu verzehrfertig und deshalb ideal geeignet für Berufstätige.«*

Die Fleischbällchen, die zu diesem Gericht gehören, können aus Lamm- oder Rinderhackfleisch bestehen. Fleischbällchen werden zu vielen tunesischen Speisen gereicht und sind besonders lecker. Für die richtige Würzung benötigen Sie gehackte glatte Petersilie.

Diese verleiht der Fleischmasse ein besonderes Aroma. Sie ist das ganze Jahr über auf dem Markt erhältlich, muss schön grün und frisch sein sowie feste Blätter und Stängel haben.

Jedes Gewürz verleiht den Fleischbällchen einen eigenen Geschmack. Für dieses Rezept verwenden wir auch getrocknete Minze, die ebenfalls oft in der orientalischen und tunesischen Küche zum Einsatz kommt.

Die langen, braunen Kümmelsamen werden als Gewürz verwendet. Sie haben einen leicht scharfen, würzigen Geschmack und entfalten ihr Aroma vor allem in langsam geschmorten Gerichten.

Je nach Familie gibt es die *Ojja* zwar in vielen verschiedenen Variationen, sie wird jedoch immer mit Eiern serviert. Unser Küchenchef rät, ein wenig Salz auf das Eigelb zu streuen.

In einer Schüssel die Fleischmasse aus Rinderhackfleisch, fein gehackter Zwiebel, gehackter Petersilie, 1 Teelöffel Kümmel, getrockneter Minze und Harissa zubereiten. Salzen, pfeffern und kneten.

Jeweils ein wenig Fleischmasse in der Hand zu kleinen Kugeln rollen.

In einem Topf 50 ml Olivenöl erhitzen. Tomatenmark hinzufügen und umrühren. Zerdrückte Knoblauchzehen und Tomatenwürfel zugeben, salzen und pfeffern. 1 Teelöffel Kümmel darüber streuen und umrühren. 5 Minuten köcheln lassen.

Fleischbällchen

Heißes Wasser zugießen und etwa 20 Minuten köcheln lassen. Paprika von Samen befreien, würfeln und hinzufügen. Etwa 10 Minuten weiter köcheln lassen.

Die Fleischbällchen hineinlegen. Etwa 7 Minuten köcheln lassen.

4 Eier in eine Schüssel schlagen und vorsichtig einzeln in den Topf setzen. Sobald das Eiweiß stockt, das Gericht mit den Fleischbällchen auf einer Platte anrichten.

Ojja mit Krabben

Vorbereitungszeit: *15 Minuten*
Garzeit: *15 Minuten*
Schwierigkeitsgrad: ✯

Für 4 Personen

500 g	grüne Paprika
250 g	Tomaten
2	Knoblauchzehen
100 ml	Olivenöl
2 EL	Tomatenmark
1 TL	Harissa (Gewürzmischung)

500 g	kleine Krabben, geschält
	Salz
	Pfeffer
1 TL	gemahlener Kreuzkümmel
4	Eier

Zum Garnieren:
gemahlener Kreuzkümmel

Die *Ojja* ist ein traditionelles tunesisches Gericht. Aufgrund ihrer Grundzutaten – Tomaten, Paprika und Eier – ähnelt sie der baskischen *piperada*. Hier stellen wir Ihnen die Spezialität der Töpferei-Stadt Nabeul in der Region Cap Bon vor, die auf verschiedene Arten zubereitet werden kann. Je nach Geschmack wird die *Ojja* mit Lammhirn, getrocknetem Hering oder würziger Bratwurst kombiniert. Tunesier nennen die *Ojja* mit Rührei und Harissa *kadhaba* – das heißt »Lügnerin«!

Unser Küchenchef verfeinert das Gericht, indem er kleine Krabben hinzufügt. Diese Krustentiere sind vor allem wegen ihres zarten Fleisches sehr beliebt und werden in der Regel küchenfertig geschält verkauft. Sie verleihen dieser Vorspeise ihren jodhaltigen Geschmack. Wenn Sie vorgekochte Krabben verwenden, fügen Sie sie zeitgleich mit den Paprika hinzu.

Die Tomaten sind ein wichtiger Bestandteil der tunesischen Küche. Sie sollten fest, fleischig und gleichmäßig leuchtend rot sein. Falls sie viel Saft enthalten, müssen Sie kein halbes Glas Wasser mehr hinzufügen.

Damit das Gericht nicht bitter schmeckt, sollte der Kreuzkümmel erst kurz vor dem Servieren zugegeben werden. Diese aromatische Pflanze stammt aus Turkestan und ist seit Jahrhunderten im Mittelmeerraum bekannt. Charakteristisch ist ihr kräftiger, scharfer und etwas bitterer Geschmack. Verwenden Sie wie unser Küchenchef den Kreuzkümmel auch zum Dekorieren der Teller. Das ockerfarbene Pulver passt sehr gut zu den warmen Farbtönen der *Ojja*.

Diese rasch zubereitete Vorspeise ist sehr nahrhaft. Sollten Sie diese tunesische Spezialität noch nicht kennen, wird es höchste Zeit, sie zu entdecken.

Paprika in Ringe und Tomaten in Würfel schneiden.

Den geschälten und zerdrückten Knoblauch mit 100 ml Olivenöl in einem Topf anbraten. Tomatenwürfel hinzufügen und etwa 3 Minuten auf kleiner Flamme schmoren.

Tomatenmark und Harissa zugeben. Ca. weitere 3 Minuten schmoren.

nach Nabeuler Art

Geschälte Krabben und ein halbes Glas Wasser hinzufügen und etwa 2 Minuten einkochen.

Paprikaringe zugeben. Wenn die Sauce etwas eindickt und die Paprika weich werden, salzen, pfeffern und mit Kreuzkümmel würzen.

Eier in eine Schüssel schlagen, mit dem Schneebesen verquirlen und in den Topf gießen. Bei schwacher Hitze zugedeckt etwa 3 Minuten köcheln lassen. Dann die Ojja mit Krabben auf mit Kreuzkümmel garnierten Tellern anrichten.

Gefülltes Gemüse

Vorbereitungszeit: *45 Minuten*
Ruhezeit für die Farce: *10 Minuten*
Garzeit: *40 Minuten*
Schwierigkeitsgrad: ★★

Für 4 Personen

4	Tomaten
2	Zitronen
300 g	Zucchini
250 g	Auberginen
200 g	grüne Paprika
500 g	Kartoffeln
	Salz
	Pfeffer

Farce:

50 g	Reis
500 g	Rinderhackfleisch
1	Zwiebel
100 g	Petersilie
100 g	geriebener Gruyère
	Salz
1 TL	Kümmel
1 TL	Harissa (Gewürzmischung)
1	Ei
	Öl zum Anbraten

Tomatensauce:

750 g	Tomaten
2	Knoblauchzehen
1 Prise	Safranfäden
100 ml	Olivenöl
	Salz und Pfeffer

In Tunesien wird dieses für den Mittelmeerraum typische Gericht aus gefüllten Gemüsehäppchen *doulma* genannt. Zum Füllen benötigen Sie Zucchini, Auberginen, Tomaten, Paprika, Kartoffeln und Zitronen. Diese erfrischende Speise wird vor allem im Sommer serviert.

Je nach Geschmack wird die Farce aus Rinder- oder Lammhackfleisch zubereitet. Da es einen relativ intensiven Geschmack hat, passt es hervorragend zu dem Gemüse. Unser Küchenchef empfiehlt, es vor dem Ausbacken ein wenig mit verquirltem Ei zu bestreichen und mit etwas Mehl zu bestäuben. So bleibt das Gemüse appetitlich anzusehen.

Außerdem ist es ratsam, beim Ausbacken mit den Kartoffeln zu beginnen. Sie stammen ursprünglich aus Südamerika und sind heute in der ganzen Welt verbreitet. Wählen Sie feste Kartoffeln mit glatter Schale, die weder Druckstellen noch sichtbare Triebe haben. Man bewahrt sie am besten an einem trockenen, kühlen Ort auf, wenn möglich lichtgeschützt. Legen Sie die Kartoffeln bis zur Verwendung in kaltes Wasser. Vergessen Sie jedoch nicht, sie vor dem Braten abzutrocknen.

Zucchini und Auberginen werden gleichzeitig ausgebacken. Dieses Sommergemüse ist im Mittelmeerraum sehr beliebt und sollte am besten im Kühlschrank aufbewahrt werden. Für unser Rezept eignen sich besonders kleine, aromatische Früchte.

Bei Zucchini ist eine gleichmäßige Färbung ein Zeichen für Frische. In der Regel werden sie samt Schale gegessen. Wenn Sie die Früchte nicht schälen, sollten Sie die Schale ein wenig abreiben. Nach Geschmack können Sie die Tomatensauce über das Gemüse gießen oder separat reichen.

Für die Farce zunächst den Reis 10 Minuten kochen. In einer Schüssel das Rinderhackfleisch, die gehackte Zwiebel, die geschnittene Petersilie, den geriebenen Gruyère und den blanchierten Reis verrühren. Salz, Kreuzkümmel und Harissa hinzufügen. Etwa 10 Minuten ruhen lassen.

Für die Sauce Tomaten waschen, abziehen und Samen entfernen, dann einkochen. Die übrigen Tomaten sowie Zitronen, Zucchini, Auberginen und Paprika waschen. Kartoffeln schälen, Zucchini in Stücke schneiden. Paprika von Samen befreien. Alle Früchte aushöhlen.

In 100 ml Olivenöl das Tomatenpüree und die zerdrückten Knoblauchzehen für die Sauce anbraten und mit Salz und Pfeffer würzen. Ein halbes Glas Wasser und Safran hinzufügen. So lange einkochen, bis das Wasser verdunstet ist. Wasser zugießen und etwa 10 Minuten kochen.

nach tunesischer Art

Die ausgehöhlten Zitronen blanchieren. Zucchini, Kartoffeln, Tomaten, Zitronen und Paprika füllen.

Ein Ei verquirlen. Die Farce mit etwas verquirltem Ei bestreichen. Dann das Gemüse vorsichtig in das Bratöl setzen.

Nach dem Braten die Gemüsehäppchen in eine Auflaufform stellen und die Tomatensauce darüber gießen. 10 Minuten im Backofen bei 180 °C backen. Die Gemüsehäppchen auf einer Platte servieren und mit etwas gehackter Petersilie garnieren.

Tomatensalat

Vorbereitungszeit: *40 Minuten*
Schwierigkeitsgrad: ★★

Für 4 Personen

800 g	Tomaten
150 g	grüne Paprika
70 g	Thunfisch in Öl
4	Knoblauchzehen
100 ml	Olivenöl
½	Zitrone
	Salz

Zum Garnieren:

100 g	schwarze Oliven

Wenn das Thermometer über 40 °C steigt, greifen die Einwohner von Tozeur gern zu diesem erfrischenden Salat, den sie *radhkha* nennen. Als Beilage zu diesem Salat bereiten die Frauen kleine Fladen namens *rougag* zu, die aus feinem Grieß, Salz und Wasser bestehen.

Die *radhkha* ist ein für den Mittelmeerraum typisches Gericht. Alle Zutaten – Knoblauch, Tomaten, Paprika und Thunfisch – werden mit einem Stößel in einem Mörser zerkleinert. Schon in der Antike wurden solche Gefäße in verschiedenen Größen verwendet. Ob aus Olivenholz, dickem Porzellan, Marmor oder Stein – Mörser und Stößel sind für die Zubereitung vieler Gerichte Südeuropas und des Maghreb unerlässlich.

Der Knoblauch verleiht dieser Vorspeise ihren besonderen Geschmack. Seit über 5000 Jahren wird das gesunde Liliengewächs angebaut. Im Frühling ist auch junger Knoblauch auf dem Markt erhältlich: Er ist sehr mild und lässt sich leicht schälen. Wählen Sie feste, große Zehen und bewahren Sie diese im Gemüsefach des Kühlschranks auf. Gelagerten Knoblauch, der sich trocken am besten hält, können Sie das ganze Jahr über kaufen. Wenn er feucht wird, fängt er schnell an zu keimen.

Paprika und Tomaten gehören zu den Nachtschattengewächsen und sind aus der traditionellen tunesischen Küche nicht wegzudenken. Kolumbus entdeckte diese Pflanzen, die von den Mauren in die Region um Tozeur eingeführt wurden. In Tunesien gibt es zahlreiche Arten frischer oder getrockneter Paprika. Sie können süß, aber auch scharf schmecken. Für dieses Rezept müssen sie vor dem Zerdrücken entkernt und in kleine Würfel geschnitten werden. Achten Sie darauf, sich anschließend sorgfältig die Hände zu waschen.

Tomaten waschen und in kleine Würfel schneiden.

Paprika waschen, halbieren, Samen entfernen und Paprika in kleine Würfel schneiden. Den Thunfisch zerbröckeln.

Knoblauchzehen schälen und in einem Mörser zerdrücken.

aus Tozeur

Tomaten- und Paprikawürfel in die Schüssel geben und zerdrücken. Dann den zerdrückten Knoblauch hinzufügen.

100 ml Olivenöl sowie den zerbröckelten Thunfisch zugeben und umrühren. Die Mischung mit der Rückseite eines Esslöffels zerdrücken.

Salzen und den Saft einer halben Zitrone zugießen. Die Kerne entfernen. Den Salat auf Tellern anrichten und mit schwarzen Oliven garnieren.

Salat aus

Vorbereitungszeit: *10 Minuten*
Garzeit: *15 Minuten*
Schwierigkeitsgrad: ★

Für 4 Personen

2 kg	frische Dicke Bohnen
1	Zitrone
2 TL	Harissa (Gewürzmischung)
150 ml	Olivenöl
2 TL	Kreuzkümmel
½ TL	Pfeffer
	Salz

Dieser Salat aus Dicken Bohnen mit Kreuzkümmel und Harissa ist bei tunesischen Familien sehr beliebt. Dort wird diese rasch zubereitete Vorspeise *m'Dammes* genannt. Die Dicken Bohnen heißen in Tunesien *foul* und werden im ganzen Land angebaut. Damit das Gericht noch besser schmeckt, schlägt unser Küchenchef vor, frische Bohnen zu verwenden.

Ältere Bohnen erkennen Sie an der schwarzen Faser, die einmal rundherum verläuft. Bei den jungen Bohnen ist diese Faser noch grün. Wenn Sie Letztere wählen, müssen Sie die Haut nicht entfernen, weil sie noch sehr fein ist. Bei den älteren Bohnen sollte sie jedoch abgezogen werden. Das geht nach dem Kochen besonders leicht. Damit sie ihre schöne, grüne Farbe behalten, fügt Mohamed Bouagga dem Kochwasser die Schale der ausgepressten Zitrone hinzu. So ist das Gericht appetitlicher anzusehen!

In vielen westlichen Haushalten ist man pikante und scharfe Speisen kaum gewöhnt. Deshalb empfehlen wir, Harissa zunächst nur sparsam zu verwenden, damit Sie die Schärfe angemessen dosieren können. Probieren Sie das Gericht nach jedem Zubereitungsschritt und würzen Sie lieber später nach als früh zu viel.

Vielleicht möchten Sie Ihr Harissa auch selbst mischen – dazu benötigen Sie nur 250 g rote, getrocknete Chilischoten, die Sie von Samen befreien und in kaltem Wasser einweichen. Dann zermahlen Sie die Schoten in einem Mörser und fügen vier zerdrückte Knoblauchzehen hinzu. Würzen Sie mit zwei Prisen Kümmel und zwei Prisen Koriander. Salzen Sie die Mischung und geben Sie Ihr Harissa in eine geschlossene Dose. Gießen Sie Olivenöl darüber, damit die Würzmischung frisch bleibt. So können Sie immer so viel davon verwenden, wie Sie möchten – wie die Tunesier!

Die Dicken Bohnen enthülsen; die Haut muss nicht entfernt werden. Zitrone auspressen und den Saft auffangen.

Die Zitronenschale dem Kochwasser zugeben, aufkochen.

Bohnen im Zitronenwasser 10–15 Minuten kochen. Wenn sie faltig werden, sind sie gar.

Dicken Bohnen

Bohnen abtropfen und bei Zimmertemperatur abkühlen lassen. Anschließend in den Kühlschrank stellen. Die Zitronenschale wegwerfen.

In einer Schüssel mit 2 Teelöffeln Harissa und 150 ml Olivenöl die Würzmischung vorbereiten. 2 Teelöffel Kreuzkümmel und den Zitronensaft hinzufügen und mit Salz und Pfeffer würzen.

Die Bohnen mit der Mischung aus Harissa, Kreuzkümmel und Olivenöl übergießen. Als kalte Vorspeise servieren.

Tunesischer

Vorbereitungszeit: *25 Minuten*
Garzeit: *45 Minuten*
Schwierigkeitsgrad: ✭

Für 4 Personen

1 kg	Tintenfisch
½	Zitrone
150 g	Tomaten
80 g	Zwiebeln
50 g	glatte Petersilie
4 EL	Olivenöl
	Salz
	Pfeffer
1	Kopfsalat

Zum Garnieren:

50 g	Radieschen
2	Zitronen
16	schwarze Oliven

Der Tintenfischsalat gehört zu den kulinarischen Spezialitäten der bedeutenden tunesischen Hafenstadt Mahdia. Tintenfische haben einen hornartigen Schnabel und acht Arme mit Saugnäpfen. Die Fischer in Mahdia bringen in der Regel Tiere mit einem Gewicht zwischen 800 g und 1,5 kg an Land. Kleinere Exemplare dürfen nicht gefangen werden, und größere geraten leicht zäh.

Zum Fangen von Tintenfischen verwenden die Fischer Tonkrüge, die Amphoren ähneln. Wenn diese im Meer versenkt sind, nehmen die Tintenfische sie freiwillig als Verstecke an, sodass man die Gefäße dann nur noch an Bord der Schiffe ziehen muss.

Die beste Saison zum Fangen tunesischer Tintenfische ist zwischen September und Dezember. In den übrigen Monaten wird der Salat aus Tintenfisch hergestellt, der im Inneren der Häuser oder an Mauern hängend in der Sonne getrocknet wurde. So hält er sich mehrere Monate. Vor dem Kochen muss er dann über Nacht eingeweicht werden. Unser Salat kann auch mit Kalmaren oder Sepien zubereitet werden.

Tintenfisch muss mindestens 15 Minuten lang weich geklopft werden. In Tunesien schlagen die Köche ihn mehrfach gegen die Wand oder verwenden dazu einen Stock. Das Fleisch ist zart genug, wenn beim Abziehen der Haut an einem Saugnapf ein kleiner Riss entsteht.

Wenn der Tintenfisch pochiert wird, färben sich sein Fleisch und das Kochwasser purpurfarben. Achten Sie genau auf die Garzeit, damit der Fisch nicht zäh wird. Stechen Sie als Garprobe mit einer Messerspitze hinein. Wenn der Tintenfisch gar ist, holen Sie ihn aus dem Wasser und legen ihn in eine Schüssel mit Eiswasser. Auf diese Weise wird der Kochvorgang augenblicklich gestoppt.

Den Tintenfisch waschen und in große Stücke schneiden. Mithilfe eines Fleischklopfers (oder Stocks) mit mehreren Schlägen kraftvoll weich klopfen.

Den Tintenfisch in einen großen Topf mit kaltem Wasser geben. Langsam erhitzen und 45 Minuten gar kochen.

Mithilfe einer Abseihkelle die Tintenfischstücke aus dem Kochwasser holen und in eine Schüssel mit Eiswasser legen.

Tintenfischsalat

Die Zitrone auspressen und den Saft beiseite stellen. Die ungeschälten Tomaten zerkleinern. Zwiebeln und Petersilie hacken.

Den Tintenfisch in feine Streifen schneiden. Zwiebel, Tomaten und Petersilie in einer Schüssel verrühren, dann die Tintenfischstreifen hinzufügen.

Den Salat mit dem Zitronensaft und etwas Olivenöl beträufeln, salzen und pfeffern. Auf Salatblättern anrichten. Dann mit Scheiben von schwarzen Oliven und Radieschen sowie eventuell mit Zitronenstückchen garnieren.

Artischocken-

Vorbereitungszeit: *40 Minuten*
Garzeit: *25 Minuten*
Schwierigkeitsgrad: ★★

Für 4 Personen

3	Zitronen
6	große Artischocken
1	sauer eingelegte Zitrone
100 g	Mozzarella
50 g	grüne entsteinte Oliven
50 g	Petersilie

2	mittelgroße Tomaten
2	Eier
10 g	Kapern
	Salz
	Pfeffer
1 TL	Harissa (Gewürzmischung)
100 ml	Olivenöl

Zum Garnieren:
Salatblätter (nach Belieben)

Die Basis dieses sehr erfrischenden Salats bilden Artischocken. Bei den Einwohnern von Tunis und Nabeul ist er als kalte Vorspeise vor allem im Frühling besonders beliebt.

Die größte Schwierigkeit besteht darin, die Artischocken zu tournieren. Diese widerstandsfähigen Pflanzen stammen ursprünglich aus Sizilien, gehören zur Familie der Korbblütler und werden in der mediterranen Küche häufig verwendet. Der fleischige, zarte Boden der Artischocke wird nach der Entfernung des Heus auch separat verzehrt. Der Ansatz der Blätter ist ebenfalls essbar. Für dieses Rezept sollten Sie große Artischocken wählen, die leichter zu belegen sind. Achten Sie darauf, dass die Früchte ihre frische grüne Farbe noch nicht verloren haben. Wenn Sie die Artischocken einige Tage aufbewahren wollen, sollten Sie den Stiel ins Wasser stellen. Sobald die Früchte vorbereitet sind, müssen sie unbedingt in Zitronenwasser eingelegt werden, damit sie nicht welken.

Sämtliche Zutaten, die für diesen Salat verwendet werden, sind typisch für den Mittelmeerraum. Dazu gehört beispielsweise auch der italienische Käse Mozzarella, der einen milden, leicht säuerlichen Geschmack hat. Der klassische Mozzarella wird aus Büffelmilch hergestellt und stammt aus den Regionen Latium und Kampanien. Mozzarella hat eine weiche, faserige Konsistenz und wird ohne Rinde in Kugeln verkauft, die in Salzlake oder Molke eingelegt sind.

Dieser Sommersalat wird – wie viele andere regionale Gerichte auch – mit Kapern gewürzt. Sie sind die Knospen des Kapernstrauchs, der in Tunesien wild wächst. Unser Küchenchef empfiehlt ganz kleine Kapern, die besonders kräftig im Geschmack sind und ein hervorragendes Aroma haben.

Sie können den Salat auf grünen Salatblättern anrichten und die Teller mit etwas Olivenöl und Harissa garnieren.

Den ausgepressten Saft der beiden Zitronen mit etwas Wasser in eine Schüssel gießen. Mit einem gezahnten Messer die Artischocken entstielen und putzen, die Böden lösen. Die Böden mit einem Löffel herausnehmen und in eine Schüssel mit Zitronenwasser legen.

2 der Artischockenböden in 2–3 mm dünne Streifen schneiden und wieder in das Zitronenwasser legen. Die übrigen 4 Böden ca. 25 Minuten blanchieren. Die Eier kochen und pellen.

Die restlichen Zutaten des Salats vorbereiten, die sauer eingelegte Zitrone mitsamt der weißen Innenhaut schälen. Die Schale ebenso wie den Mozzarella und die grünen Oliven in sehr kleine Würfel schneiden.

Mozzarella-Salat

Petersilie sehr fein hacken, Tomaten und hart gekochte Eier in sehr kleine Würfel schneiden.

Alle vorbereiteten Zutaten in eine Schüssel geben. Artischockenstreifen und Kapern hinzufügen. Restliche Zitrone auspressen und den Saft zugießen. Mit Salz, Pfeffer, Harissa und 100 ml Olivenöl würzen. Umrühren.

Die Artischockenböden abtropfen lassen und die übrigen Zutaten darauf verteilen. Den Salat auf Tellern anrichten und mit Gewürzen garnieren.

Salat mit

Vorbereitungszeit: *20 Minuten*
Garzeit: *15 Minuten*
Schwierigkeitsgrad: ★

Für 4 Personen

2 kg	grüne Paprika
500 g	Tomaten
3	Knoblauchzehen
100 ml	Olivenöl
1 TL	Kümmel
	Salz

4	Eier
1	Dose Thunfisch in Öl
25 g	schwarze entsteinte Oliven
25 g	grüne entsteinte Oliven

Zum Garnieren:
Paprikapulver (nach Belieben)
Olivenöl (nach Belieben)

Auf Arabisch bedeutet *méchouia* »gegrillt«. Dieser tunesische Salat, der *méchouia* heißt und typisch für Cap Bon ist, aber auch im übrigen Land beliebt ist, ist ein kulinarisches Erbe der Mauren. Nachdem sie 1492 aus dem Königreich Granada vertrieben wurden, brachten sie die Tomate und die Paprika mit. Unser Küchenchef meint, dass die Entdeckung dieser Nachtschattengewächse, die aus der Neuen Welt stammen, die traditionellen Kochgewohnheiten revolutioniert hat. »Vor der Ankunft der Mauren war die tunesische Küche hauptsächlich gelb. Seit dieser Zeit war sie deutlich variantenreicher und färbte sich rot.«

Heute ist die wunderschöne Region um Cap Bon bekannt für den Gemüseanbau und bietet ihren Einwohnern alle Zutaten für diese köstliche Vorspeise. In einigen Familien dominiert der Geschmack der Tomaten, andere verwenden nur wenige oder gar keine Tomaten. Die grünen Paprika hingegen, *felfel* genannt, sind bei diesem Rezept besonders wichtig. Wenn Sie einen pikanteren Geschmack wünschen, sollten Sie die Samen nicht entfernen.

In Tunesien wird das Gemüse für diesen Salat traditionell über einem Kohlebecken (*kanoun*) gegrillt. Die Holzkohle verleiht den Früchten einen unverwechselbaren Geschmack. Rafik Tlatli ist der Meinung, dass der Erfolg der Vorspeise mit dem Häuten der Paprika zusammenhängt. Vor allem empfiehlt er, sie nicht in der Küchenmaschine zu zerkleinern, sondern unbedingt mit einem Mörser zu zerdrücken.

Für die Tunesier ist der Thunfischfang eine wichtige Einkommensquelle. In Dosen verkaufter tunesischer Thunfisch in Öl ist auf der ganzen Welt eine Delikatesse.

Der Salat mit gegrilltem Gemüse wird vor allem im Sommer gern gegessen, wenn man Tomaten und Paprika auf allen Märkten bekommen kann.

Paprika und Tomaten 10 Minuten grillen. Tomaten in einem Sieb abtropfen lassen. Mit den Fingern die Haut der Paprika abziehen.

Die Paprika längs halbieren und die Samen entfernen.

Tomaten abziehen und Samen entfernen. Die Paprika zerkleinern. Mit einem Stößel Tomaten und Paprika zerdrücken.

gegrilltem Gemüse

Die Knoblauchzehen schälen und zerdrücken. Der Tomaten-Paprika-Mischung hinzufügen.

Den Salat mit Olivenöl, Kümmel und 1 Teelöffel Salz würzen. Alles gut verrühren. Die Eier in Salzwasser etwa 12 Minuten kochen, dann schälen und in Scheiben schneiden.

Mithilfe zweier Löffel Klößchen aus der Tomatenmischung formen und auf einem Teller anrichten. Den zerbröckelten Thunfisch, die Eierscheiben sowie die entsteinten schwarzen und grünen Oliven hinzufügen. Mit Paprikapulver bestäuben und mit Olivenöl beträufeln.

Mosaiksalat

Vorbereitungszeit: *20 Minuten*
Garzeit: *25 Minuten*
Schwierigkeitsgrad: ✯

Für 4–6 Personen

2	Möhren
2	Kartoffeln
2	Rote Bete
100 g	Erbsen
100 g	grüne Bohnen
2	Eier
2	Zwiebeln
½ Bund	glatte Petersilie
100 ml	Olivenöl
	Salz
	Pfeffer
1	Kopfsalat
1	Dose Sardinen in Öl
100 g	schwarze oder grüne Oliven

Der Mosaiksalat aus Sfax ist ein tunesischer Frühlingsleckerbissen. In dieser Jahreszeit gibt es auf den Märkten der Stadt jede Menge aromatisches, zartes, junges Gemüse. Im Frühling sind die Möhren besonders saftig. Je nach Geschmack fügen Feinschmecker ihrem Salat auch Artischocken, weiße Rüben oder Meeresfrüchte hinzu.

In Tunesien wird viel sonnengereiftes Obst und Gemüse produziert. Deshalb stellen die Menschen dort ihre Salate meist nach Jahreszeit zusammen: das erste Gemüse im Frühjahr, Tomaten, Zwiebeln und Gurken im Sommer. Wenn die Saison vorbei ist, werden die restlichen Früchte in der Sonne getrocknet und für den Winter in Konserven aufbewahrt.

Kartoffeln, die in zunehmendem Maß angebaut werden, können das ganze Jahr über geerntet werden. Die ersten sind zwischen März und Mai reif, die Hochsaison ist von Juni bis Oktober, und November bis Februar bilden die Nachsaison.

Oliven kann man in Tunesien ab Anfang November ernten. Zunächst sind sie grün und färben sich schwarz, wenn sie reif werden. Dann können sie zu dem berühmten Olivenöl verarbeitet werden. Für unser Rezept eignen sich sowohl grüne als auch schwarze Oliven.

Was liegt näher, als in Sfax einen Salat mit Ölsardinen anzureichern? Die Häfen von Sfax, Mahdia und Kélibia sind seit langem bekannt für die kleinen blauen Fische. Verschiedene Sardinenarten werden mit Pflanzen- oder Olivenöl, Tomatensauce beziehungsweise Harissa in Konserven verkauft. Manche Familien stellen diese selbst her: Die Fische werden geköpft und ausgenommen, in sehr heißes Öl getaucht und dann in luftdicht verschlossenen Einmachgläsern aufbewahrt. Auch in Öl eingelegter oder marinierter Thunfisch sowie Sardellen passen gut zu diesem Salat.

Die Möhren putzen, die Kartoffeln und Roten Bete schälen. Das Gemüse in kleine Würfel schneiden. Erbsen enthülsen. Grüne Bohnen in etwa 2 cm lange Stücke schneiden. Alles separat in Wasser bissfest kochen – je nach Geschmack auch etwas weicher.

Wenn das Gemüse gar ist, die grünen Bohnen und die Erbsen mithilfe einer Abseihkelle herausnehmen und in eine Schale mit Eiswasser geben, damit sie ihre schöne Farbe behalten.

Die Eier 10 Minuten kochen, schälen und in Viertel teilen. Zwiebeln schälen und ebenso wie die Petersilie fein hacken.

aus Sfax

In einer Auflaufform Kartoffeln, Möhren, Erbsen, Zwiebeln, grüne Bohnen und Petersilie mischen.

Den Salat mit etwas Olivenöl, Salz und Pfeffer würzen. Einzelne Salatblätter abtrennen, waschen und trockentupfen. Eine Dose Sardinen öffnen und die Fische abtropfen lassen.

Die Salatblätter auf einer Servierplatte anrichten. Den Gemüsesalat darauf verteilen. Mit Rote-Bete-Würfeln, Eiervierteln und Oliven garnieren. Die Sardinen auf dem Salat verteilen und gut gekühlt servieren.

Heringssalat

Vorbereitungszeit: *20 Minuten*
Garzeit: *10 Minuten*
Schwierigkeitsgrad: ★

Für 4 Personen

200 g	frische grüne Paprika
100 g	frische rote Paprika
2	Tomaten
150 ml	Olivenöl
1 TL	gemahlener Koriander
1 TL	Kreuzkümmel
2	Knoblauchzehen
4	Heringsfilets
25 g	Kapern
	Salz
	Pfeffer

Zum Garnieren (nach Belieben):

50 g	schwarze entsteinte Oliven
	Minzeblätter

Diesen Sommersalat hat unser Küchenchef nach seinen Vorstellungen abgewandelt. Fethi Tounsi ist Koch in der Residenz des tunesischen Präsidenten sowie in den Restaurants Abou Nawas El Mechtel in Tunis.

Der Heringssalat auf einer Grundlage aus Paprika und Tomaten schmeckt besonders erfrischend. Es mag überraschen, in der tunesischen Küche Hering als Zutat zu finden. Die Einwohner des kleinen Badeortes Goulette in der Nähe von Tunis lagerten früher diesen Fisch, der vor allem in den nördlichen Meeren vorkommt, jedoch während des Ramadan ein. Obwohl diese Tradition mehr und mehr in Vergessenheit gerät, werden die Heringe doch auch heute noch wegen ihres fetthaltigen und wohlschmeckenden Fleisches geschätzt.

Das wichtigste Gewürz sind für unseren Küchenchef die Kapern. Der dornige Kapernstrauch, dessen Knospen geerntet werden, wächst in Tunesien wild. Je kleiner die Kapern sind, desto delikater ist ihr kräftiger Geschmack.

Diese Vorspeise ist aufgrund der roten und grünen Paprika recht würzig. Kolumbus brachte diese Pflanzen, die wie die Tomaten zu den Nachtschattengewächsen gehören, nach Europa. In Tunesien gibt es zahlreiche verschiedene Sorten, die sowohl frisch als auch getrocknet verzehrt werden. Wenn Sie das kräftige Aroma mildern möchten, sollten Sie weder die Samen noch die innere weißliche Haut verwenden.

Fethi Tounsis Heringssalat ist eine rasch zubereitete Vorspeise. In diesem Rezept werden die Heringe in idealer Weise mit den mediterranen Geschmacksrichtungen kombiniert.

Rote und grüne Paprika waschen, Samen entfernen, Paprika entstielen und in kleine Würfel schneiden. Die Tomaten waschen, aushöhlen und in kleine Würfel schneiden.

Paprika- und Tomatenwürfel in 100 ml Olivenöl anbraten. Die Mischung salzen und pfeffern. Koriander, Kreuzkümmel und zerdrückte Knoblauchzehen hinzufügen. Bei schwacher Hitze 3 Minuten köcheln lassen.

Die Heringe zerteilen. 4 Röllchen formen und beiseite legen. Die übrigen Stücke in Würfel schneiden.

Die Heringswürfel unter die Paprika-Tomaten-Mischung rühren.

Den Salat in eine Schüssel füllen. Kapern und restliches Olivenöl hinzufügen. Heringssalat auf Tellern anrichten und je ein Heringsröllchen in die Mitte legen.

Tunesischer

Vorbereitungszeit: *40 Minuten*
Garzeit: *12 Minuten*
Schwierigkeitsgrad: ★

Für 4 Personen

1	Gurke
2	Tomaten
1	grüne Paprika
1	rote Paprika
1	Apfel
1	Zwiebel
	Salz und Pfeffer

½	Zitrone
50 ml	Olivenöl
1 Prise	getrocknete Minze
2	Eier
150 g	Thunfisch in Öl

Zum Garnieren:

12	schwarze entsteinte Oliven
	frische Minzeblätter (nach Belieben)

Diese kalte Vorspeise ist ein fester Bestandteil der tunesischen Küche. Sie besteht aus gewürfeltem rohem Gemüse und wird vor allem im Sommer serviert. Der Salat ist kein schwieriges Rezept; er erfordert jedoch etwas Geduld und Sorgfalt. Es ist wichtig, das Gemüse sehr fein zu schneiden, da es so noch frischer schmeckt.

Die bekanntesten tunesischen Salate sind die *méchouia* auf der Grundlage von gegrillten Paprika und Tomaten, die *houria* mit gekochten Möhren sowie dieses Rezept, das unser Küchenchef Ihnen empfiehlt. Hier mischt sich der Geschmack der Gurke mit dem Aroma von Paprika, Tomaten und Apfel.

Die Tunesier verwenden für die Gurke den arabischen Ausdruck *wild el gambra*. Diese poetische Metapher bedeutet »Sohn des Mondes« und bezieht sich auf den Einfluss des Himmelskörpers auf das Wachstum jener Frucht. Ebenso wie die Zucchini und die Gewürzgurke kommt sie aus dem Himalaya und stammt von einer einjährigen Kletterpflanze aus der Familie der Gurkengewächse ab. Sie wird mit Salz, roh oder gekocht zubereitet. Unser Küchenchef empfiehlt, dass Sie die Gurke probieren, bevor sie unter den Salat gemischt wird, denn manche Früchte sind relativ bitter. Es wäre schade, wenn dieser Geschmack das milde Aroma der Paprika, Tomaten und Minze übertönen würde.Wenn Sie sich für eine saure Apfelsorte entscheiden, können Sie den Zitronensaft weglassen.

Der Thunfischfang wird heute industriell betrieben, wobei die Standortbestimmung der Bestände per Helikopter erfolgt. Der Thunfisch wird geköpft und ausgenommen, bei schwacher Hitze gekocht oder gedünstet. Anschließend folgen das Trocknen, Zerteilen und Entgräten. Bevor der Fisch mit Öl bedeckt wird, zerkleinert man die Stücke in der Regel.

Gurke schälen und entkernen. Tomaten und Paprika waschen und die Samen entfernen. Apfel und Zwiebel schälen.

Alle Früchte in sehr kleine Würfel schneiden.

Sämtliche Zutaten in einer Schüssel vermischen.

Salat

Die Salatsauce aus Salz, Pfeffer, Zitronensaft und 50 ml Olivenöl vorbereiten. Ein Prise getrocknete Minzeblätter hinzufügen und alles verrühren.

In einem Topf Salzwasser zum Kochen bringen. Dann darin die Eier etwa 12 Minuten kochen. Anschließend schälen, der Länge nach halbieren und vierteln.

Den Salat in eine kleine Auflaufform füllen und dann auf eine Platte stürzen. Mit Eivierteln und Thunfischstücken garnieren, Oliven und ein Minzeblatt hinzufügen.

Bunte

Vorbereitungszeit: *15 Minuten*
Garzeit: *30 Minuten*
Schwierigkeitsgrad: ★

Für 4 Personen

4	kleine Paprika
2	kleine Tomaten
2	Eier
50 g	Gruyère
½	sauer eingelegte Zitrone
50 g	Thunfisch aus der Dose
50 g	schwarze Oliven

1	altbackenes Baguette
1 EL	Kapern
	Salz
	Pfeffer

Méchouia-Salat:

1 EL	Harissa (Gewürzmischung)
1	Knoblauchzehe
1 TL	Tomatenmark
3 EL	Essig
2 EL	Olivenöl
1 Prise	Kümmel

Für dieses Rezept aus Tunis können Sie Brot vom Vortag verwenden. In Tunis werden die belegten Brotscheiben entweder als Appetithäppchen zum Aperitif oder als kalte Vorspeise verzehrt. Es gibt zahlreiche Varianten der bunten Kanapees, die in Tunesien *slatet blanquite* heißen. Die Version von Sabri Kouki wirkt sehr farbenfroh und festlich. Bei diesem Gericht können die Hausfrauen ihrer Fantasie freien Lauf lassen und beliebige Essensreste verwerten.

Schon in einem Buch aus dem Jahr 1896 über die Einweihung des Hafens von Tunis wird dieses altbekannte Rezept erwähnt. Es wurde auch *t'barua* (Taverne) genannt, da die Kanapees dort als Appetithäppchen serviert wurden.

Die Kanapees, die unser Küchenchef präsentiert, sind mit dem typisch tunesischen *méchouia*-Salat garniert. Dieser kommt in zahlreichen Rezepten zum Einsatz und ist ein echter Klassiker der tunesischen Küche. Die dafür verwendeten Paprika wurden ursprünglich auf einem traditionellen Holzkohlegrill gegart. Sabri Koukri hat ihn durch den Grill eines Backofens ersetzt.

Nachdem Sie die Paprika, deren längliche Variante in Tunesien auch »Rinderhörner« genannt wird, vom Grill genommen haben, geben Sie diese in einen wiederverschließbaren Gefrierbeutel. So löst sich die Haut und lässt sich besser abziehen.

Falls Sie Harissa mit viel Knoblauch wählen, sollten Sie auf die in der Zutatenliste aufgeführte Knoblauchzehe verzichten. Außerdem ist es wichtig, dass Sie altbackenes, eher weiches Brot verwenden, das die Flüssigkeit gut aufnimmt. Unser Küchenchef empfiehlt, die Baguettescheiben zusammenzudrücken und in die Sauce zu tauchen. Wenn sie ihre ursprüngliche Form erreicht haben, nehmen Sie die Scheiben wieder heraus.

Paprika und Tomaten im Backofen 20 Minuten grillen. In einer Schale Harissa, gehackten Knoblauch und Tomatenmark verrühren. Die gegrillten, noch heißen Paprika und Tomaten 5 Minuten in einen Gefrierbeutel legen.

Die Mischung aus Harissa, Tomatenmark und Knoblauch mit 250 ml Wasser verrühren. 3 Esslöffel Essig und 2 Esslöffel Olivenöl hinzufügen. Die Sauce würzen und 1 Prise Kümmel zugeben.

Die Eier hart kochen. Paprika und Tomaten aus dem Beutel nehmen und die Haut abziehen. Den Gruyère in Würfel schneiden.

Kanapees

Die Paprika und Tomaten in sehr regelmäßige, kleine Stücke zerteilen. Die Schale der sauer eingelegten Zitrone in kleine Stücke schneiden. Thunfisch aus der Dose holen, schwarze Oliven halbieren. Alles beiseite stellen.

Die harten Eier pellen und durch ein Sieb passieren. Das Baguette in etwa 4 cm dicke Scheiben schneiden und von beiden Seiten in die Sauce einlegen.

Die Scheiben mit Salat garnieren und jeweils ein Stückchen Zitronenschale, etwas Thunfisch, Olivenhälften und Kapern sowie einen Würfel Gruyère darauf anrichten. Mit Krümeln der hart gekochten Eier bestreuen. 3 Kanapees pro Person.

Kürbis-

Vorbereitungszeit: *25 Minuten*
Einweichzeit der Kichererbsen: *12 Stunden*
Garzeit: *55 Minuten*
Schwierigkeitsgrad: ✯

Für 4 Personen

2	Zwiebeln
150 ml	Olivenöl
100 g	Kichererbsen
1 EL	Tomatenmark
	Salz und Pfeffer

1 EL	Harissa (Gewürzmischung)
1 TL	Paprika
500 g	Kürbis
2	Tomaten
150 g	scharfe grüne Peperoni
150 g	Dicke Bohnen
4	Knoblauchzehen

Zum Garnieren:
Petersilie

Die *t'bikha* ist eine warme Vorspeise, die gern auch als zweiter Gang gereicht wird, und eine landestypische Spezialität. Je nach Region besteht sie aus unterschiedlichem Gemüse, wie beispielsweise Zucchini, Möhren oder auch Auberginen. Am weitesten verbreitet ist jedoch die Variante mit Kürbis.

Die Tunesier nennen den Kürbis *kla* und bezeichnen damit die gesamte Gattung vom Gartenkürbis bis zum Riesenkürbis. Dieses Gemüse gehört zu den aus Amerika stammenden Kürbisgewächsen, die Kolumbus auf seinen Expeditionen entdeckte. Damals hieß es, Kürbis sei gut gegen die »Trockenheit der Zunge«, und man aß ihn vor allem wegen seiner Feuchtigkeit spendenden Eigenschaften. Typisch für den großen, kugelförmigen Kürbis sind die gelbe oder rote Farbe von Schale und Fleisch.

Ein wichtiger Bestandteil dieses vegetarischen Gerichts sind aber auch die in der tunesischen Küche häufig vorkommenden Dicken Bohnen. Ursprünglich stammen sie aus Persien und Afrika, sind jedoch schon seit Jahrhunderten im gesamten Mittelmeerraum beliebt. Wenn die Dicken Bohnen noch jung sind, muss ihre feine Haut nicht entfernt werden.

Dicke Bohnen sind ein hervorragendes Frühlings- und Sommergemüse. Sie werden gern in Suppen oder kalt im Salat genossen. Unser Küchenchef empfiehlt, sie erst hinzuzufügen, wenn die Kichererbsen gar sind.

Bevor Sie das Gericht servieren, sollten Sie es mit etwas Petersilie bestreuen. Deren Farbe und besonderes Aroma verleihen dieser Vorspeise eine eigene Note.

Die *Kürbis-T'bikha* ist ein typisches, köstliches und rasch zubereitetes Gericht, mit dem Sie ihre Gäste verwöhnen können.

Zwiebeln schälen und grob hacken.

Zwiebeln in 150 ml Olivenöl andünsten. Das Tomatenmark und die Kichererbsen hinzufügen, nachdem diese über Nacht eingeweicht worden sind. Umrühren.

Salzen und pfeffern, Harissa und Paprika hinzufügen. Umrühren und Wasser zugießen, sodass die Mischung bedeckt ist. Ca. 25 Minuten kochen.

T'bikha

Kürbis und Tomaten schälen und in große Würfel schneiden. Die Peperoni teilen, von Samen befreien und in kleine Stücke schneiden.

Die Dicken Bohnen enthülsen und die Haut abziehen. Anschließend unterrühren.

Kürbis-, Tomaten- und Peperoni-Stücke hinzufügen. Etwa 20 Minuten kochen. 5 Minuten vor Ende der Kochzeit die zerdrückten Knoblauchzehen hinzufügen. Die t'bikha in eine flache Schüssel füllen und mit gehackter Petersilie garnieren.

Mini-Teigtaschen-Trio

Vorbereitungszeit: *40 Minuten*
Garzeit: *25 Minuten*
Schwierigkeitsgrad: ★★

Für 4 Personen

4	*malsouka*-Teigblätter (ersatzweise Filo-Teig)
1	Zitrone
	Öl zum Frittieren

Grundrezept Farce:

1	mittelgroße Zwiebel
50 ml	Olivenöl
½ Bund	Petersilie
1	Kartoffel (150 g)
50 g	Kapern
	Salz
	Pfeffer
1	Ei

Geflügel-Farce:

100 g	Hähnchenbrust
1 TL	gemahlener Koriander
	Salz

Hackfleisch-Farce:

100 g	Rinderhackfleisch
1 EL	Olivenöl
1 TL	gemahlener Koriander
1 TL	Kurkuma
1 TL	Kümmel

Thunfisch-Farce:

½ Dose	Thunfisch in Öl

Wenn man über Tunesien spricht, denkt man an wunderschöne Landschaften, feine Sandstrände und … diese köstlichen Teigtaschen! Denn hier muss man sie unbedingt probieren! Diese nationale Spezialität wird jederzeit und überall genossen.

Die dünnen Teigblätter, die man in Tunesien auch *malsouka* nennt, sind ein Erbe der Türken. Sie bestehen aus Weizengrieß ohne Hefe und werden traditionell auf einem gewendeten Teller, der mit Kümmel bestreut ist, über einem Réchaud zubereitet. Jede tunesische Familie variiert die Füllung der Teigtaschen nach Geschmack, Jahreszeit und Budget. Manchmal werden Leberpastete, Meerbarbe oder Krabben verwendet. Aber am üblichsten sind Füllungen mit Thunfisch, Eiern oder Fleisch.

Es ist möglich, die Zutaten nach Belieben zu kombinieren. Damit die Spezialität perfekt gelingt, darf das Grundrezept der Farce jedoch nicht verändert werden. Sie besteht immer aus Zwiebeln, gehackter Petersilie, Ei und Kartoffeln. Manche fügen noch Kapern hinzu, die in der Regel in Essig oder Salzlake eingelegt werden.

Unser Küchenchef empfiehlt, die Teigtaschen als Trio aus Dreieck, Röllchen und Halbmond zurechtzuschneiden. Er schlägt vor, sie mit Hähnchenbrust oder dem bei Tunesiern sehr beliebten Thunfisch in Öl zu garnieren. Wenn Sie die Teigtaschen wie in unserem Rezept mit Hackfleisch füllen, fügen Sie nach der Hälfte der Garzeit etwas Wasser hinzu und würzen Sie die Mischung mit Kräutern. Vergessen Sie den Koriander nicht.

Für die Grundfarce die gehackten Zwiebeln 5 Minuten in Olivenöl dünsten. Gehackte Petersilie hinzufügen und umrühren. Abkühlen lassen. Die gekochte und zerdrückte Kartoffel sowie die gehackten Kapern zugeben. Salzen, pfeffern, 1 Ei zugeben und beiseite stellen.

Mit einer Schere für die Dreiecke 2 Teigblätter in 6 cm lange Streifen schneiden. Ein weiteres Teigblatt für die Röllchen halbieren. Für die Halbmonde mithilfe einer Lochstanze Kreise ausstechen.

Hackfleisch mit Olivenöl und Kräutern anbraten; Hähnchenbrust in Salzwasser 5 Minuten dünsten und mit dem Koriander zerkleinern. Den Thunfisch zerbröckeln. Die Grundfüllung unter jede der drei Farcesorten rühren. Auf die Teigstücke je eine kleine Menge Farce setzen.

Für die Teigdreiecke etwas Geflügel-Farce auf den Anfang eines Streifens setzen. Dann das untere Ende zum Dreieck formen, indem der Streifen einmal nach links und einmal nach rechts gefaltet wird. So werden die Ränder geschlossen.

Für die Röllchen die Hackfleisch-Farce auf den Rand des Teigblattes setzen. Das Halbrund nach innen falten, dann den Teig aufrollen. Für die Halbmonde die Thunfisch-Farce auf ein Teigblatt setzen und dieses dann umklappen.

Die Teigtaschen 3 Minuten von jeder Seite ausbacken. Auf Küchenpapier abtropfen lassen. Mehrere Teigtaschen zusammen mit einem Viertel Zitrone auf einem Teller anrichten.

Suppen & Taginen

Gemüsesuppe aus

Vorbereitungszeit:	*20 Minuten*
Einweichzeit der Dicken Bohnen:	*12 Stunden*
Ruhezeit für den Teig:	*12 Stunden*
Garzeit:	*1 Stunde 5 Minuten*
Schwierigkeitsgrad:	*★*

Für 4 Personen

200 g	Möhren
1	Zwiebel
200 g	weiße Rüben
6 Blätter	Spinat
½	Weißkohl
200 g	getrocknete Dicke Bohnen
	Salz
1 EL	edelsüßes Paprikapulver
1 El	Tomatenmark
4	getrocknete rote Peperoni
50 ml	Olivenöl

Teig:

1,2 kg	gemahlenes Sorghum
25 g	Hefe
1	Prise Zucker
1	Zitrone

Diese Gemüsesuppe aus Dar-Chaabane ist ein ausgezeichnetes Wintergericht. Die traditionell bäuerliche Suppe besteht vorrangig aus jahreszeittypischem Gemüse wie Möhren, weißen Rüben, Dicken Bohnen und Kohl.

Rafik Tlatli hat das Rezept bei der Mutter eines Freundes kennen gelernt, die aus Dar-Chaabane stammt. Dieser kleine Ort liegt zwei Kilometer von Nabeul in der Region Cap Bon entfernt und ist vor allem wegen seiner Steinmetze bekannt. Sie stellen für viele tunesische Städte Türrahmen her. Die Motive ihrer Skulpturen sind an den geometrischen Figuren und den stilisierten Pflanzen erkennbar.

Durch das Sorghum wird aus der *berkoukech* genannten Speise ein sättigendes Gericht. Dieses Getreide wird schon seit vielen Jahrhunderten angebaut. Einem Dokument aus der Zeit um 1900 v. Chr. kann man entnehmen, dass es damals bereits den Indern als Grundnahrungsmittel diente.

Um den leicht säuerlichen Geschmack hervorzuheben, können Sie wie unser Küchenchef ein wenig Zitronensaft hinzufügen.

Bei diesem bäuerlichen Rezept können Sie die Spinatblätter auch durch Mangold ersetzen. Um die Suppe vielfältiger zu gestalten, fügen manche Dorfbewohner Hähnchenfleisch oder *kadid* hinzu – das ist in der Sonne getrocknetes Lammfleisch, das mehrere Monate lang in Olivenöl konserviert aufbewahrt werden kann.

Die Gemüsesuppe aus Dar-Chaabane ist ein authentisches Originalrezept. Da die Stadtbewohner es nicht kennen, könnte es im Laufe der Zeit in Vergessenheit geraten. Rafik Tlatli wollte dieses Gericht wieder in die tunesische Gastronomie integrieren, da es zum kulinarischen Erbe seines Landes zählt.

Am Vorabend 200 g Sorghum in eine Schüssel geben. Eine Mulde bilden und 25 g Hefe hineingeben. ¼ l lauwarmes Wasser und eine Prise Zucker hinzufügen. Mit einem flachen Rührlöffel verrühren und den Teig 12 Stunden gehen lassen. Die Dicken Bohnen einweichen.

Möhren und Zwiebel schälen. Rüben waschen und Blätter entfernen. Das Gemüse in große Stücke schneiden. Spinatblätter und Weißkohl in Streifen schneiden und Dicke Bohnen abtropfen lassen. Das Gemüse mit Ausnahme des Kohls 15 Minuten in kochendem Wasser garen.

Den Weißkohl hinzufügen. Mit Salz, Paprikapulver und Tomatenmark würzen. Die Peperoni am Stück zugeben und etwa 40 Minuten kochen.

Dar-Chaabane

1 kg Sorghum in eine große Schüssel geben und die Hefe-Sorghum-Mischung hinzufügen.

Die Masse mit den Händen kneten, bis ein glatter Teig entsteht. Zitronensaft und gegebenenfalls etwas Wasser zugießen.

Wenn das Gemüse gar ist, das Sorghum hinzufügen. 10 Minuten kochen und immer wieder mit einem Holzlöffel umrühren, sodass ein dicker Brei mit einigen Klumpen entsteht. Die Suppe in tiefen Tellern servieren und mit Olivenöl beträufeln.

Mediterrane

Vorbereitungszeit: *35 Minuten*
Garzeit: *30 Minuten*
Schwierigkeitsgrad: ★

Für 4 Personen

1	Zwiebel
50 ml	Olivenöl
100 g	Tomatenmark
1 Stange	Sellerie
½ Bund	Petersilie
	Salz
	Pfeffer
500 g	Seezunge, Meerbarbe und Goldbrasse
250 g	Reisnudeln

Zum Garnieren:

	Petersilie
2	Zitronen

Auf Arabisch heißt *chorba* Suppe. Chedley Azzaz stellt Ihnen mit diesem Rezept eine Spezialität von der Küste vor. Die mediterrane Fisch-*Chorba* könnte als tunesische Bouillabaisse bezeichnet werden. Traditionell wird das bekannte Gericht mit eher preiswertem Fisch zubereitet, wie beispielsweise Drachenkopf und Wittling. Die Fischstücke werden in der Suppe gegart. Manche Familien fügen noch den Kopf eines Zackenbarschs hinzu.

Unser Küchenchef wollte ein Gericht für Festtage kreieren und hat deshalb Seezunge, Goldbrasse und Meerbarbe gewählt. Letztere sind vor allem aufgrund ihres zarten, delikaten Fleisches sehr beliebt und haben einen ganz besonderen Geschmack. Damit dieser nicht verfälscht wird, hat Chedly Azzaz größtenteils auf Kräuter verzichtet. Wenn Sie einen pikanteren Geschmack bevorzugen, können Sie einen Esslöffel Harissa hinzufügen. Auch ein wenig Zitronensaft macht sich gut in der *Chorba*.

Die Selleriestange verleiht der Suppe ebenfalls ihr eigenes Aroma. Geschmacklich ist sie mit dem Fenchel verwandt. Die fleischige, knackige Sorte mit den grünen Blättern hält sich mehrere Tage frisch. Auch die glatte Petersilie wird wegen ihres typischen Geschmacks in dieser Suppe verwendet. Die aromatische Pflanze ist das ganze Jahr über auf dem Markt erhältlich.

Der Legende nach haben die Mauren, als sie aus Spanien vertrieben wurden, Teigwaren mitgebracht, die bis zu diesem Zeitpunkt in Nordafrika unbekannt waren. Nudeln haben dann ihren festen Platz in der tunesischen Küche gefunden.

Ursprünglich wurde diese Suppe nur während des Ramadan gekocht, doch heute ist sie ein allgemein verbreitetes, sehr beliebtes Gericht. In manchen Familien kommt sie sogar mehrmals pro Woche auf den Tisch!

Zwiebel schälen und hacken. In einem Topf mit 50 ml Olivenöl ca. 4 Minuten dünsten. Nicht braun werden lassen.

Tomatenmark, die Hälfte der zerkleinerten Selleriestange und die Hälfte der gehackten Petersilie hinzufügen. Den Rest beiseite stellen. Ca. 2 Minuten anbraten.

Kaltes Wasser zugießen.

Fisch-Chorba

Fische waschen, schuppen und ausnehmen. In große Stücke schneiden, in den Topf geben und 15 Minuten zugedeckt kochen. Dann die Fischstücke herausnehmen und beiseite stellen.

Etwas Wasser zugießen und würzen. Die Nudeln zugeben und alles ca. 15 Minuten kochen.

Die Gräten aus den Fischen lösen. Den restlichen zerkleinerten Sellerie sowie die zweite Hälfte Petersilie zur Suppe geben. 2 Minuten köcheln lassen. Dann den Fisch hinzufügen. Chorba in Suppentellern mit Petersilie garniert servieren. Dazu geviertelte Zitronen separat reichen.

Tintenfischsuppe

Vorbereitungszeit:	*10 Minuten*
Einweichzeit für Tintenfisch und Kichererbsen:	*24 Stunden*
Garzeit:	*2 Stunden*
Schwierigkeitsgrad:	★

Für 4 Personen

50 g	getrockneter Tintenfisch
50 g	Kichererbsen
1	Zwiebel
2	Knoblauchzehen
3 EL	Olivenöl
2 EL	Tomatenmark
1 TL	Harissa (Gewürzmischung)
1 TL	Quatre-Épices (Pfeffer, Kümmel, Koriander, Zimt)
	Salz
	Pfeffer
50 g	Dicke Bohnen
150 g	Bulgur
½ Bund	Petersilie
1 Stange	Sellerie

Diese Suppe ist eine Spezialität aus Monastir und vor allem im Herbst sehr beliebt. Während des Sommers fangen die Fischer hier einen großen Vorrat an Tintenfisch, der später gern in Suppen verwendet wird. Für das Gericht eignen sich vor allem solche Tiere, die besonders klein sind, da ihr Fleisch weicher ist und besser schmeckt.

Jeder Teil des Tintenfischs ist essbar! Man muss ihn lediglich blanchieren beziehungsweise über Nacht einweichen, damit das Fleisch zart wird. Ältere Tintenfische müssen erst ausgiebig weich geklopft (tatsächlich meist geschlagen) werden. Tintenfische werden im Frühjahr nachts gefangen und dann den ganzen Sommer über in der Sonne getrocknet.

Für diese köstliche Wintersuppe wird Bulgur verwendet – ein äußerst nahrhaftes geschrotetes Hartweizenprodukt, das auch bei den Türken als Beilage sehr beliebt ist. In Tunesien kommt das typische Getreideprodukt häufig zusammen mit Tomatensauce auf den Tisch. Der Bulgur saugt die Sauce auf und ist so eine vollwertige Mahlzeit. In Mohamed Bouaggas Rezept sollte man das Getreide nicht zu lange in der Suppe quellen lassen.

Es gibt eine Sorte Dicke Bohnen, die aus Ägypten eingeführt wurde und eine andere Konsistenz aufweist. Im Gegensatz zu den getrockneten Kichererbsen müssen getrocknete Dicke Bohnen vor dem Kochen nicht eingeweicht werden. Deshalb können sie auch durch frische ersetzt werden, die schneller gar sind. Wenn die Dicken Bohnen noch jung sind, muss das Häutchen nicht entfernt werden – dadurch haben sie einen besseren Geschmack. Wenn Sie sich die Zubereitung dieses Gerichts erleichtern möchten, empfehlen wir Ihnen die Verwendung von Kichererbsen aus der Dose. Sie sind vorgekocht und müssen nicht eingeweicht werden.

Am Vortag Tintenfisch und Kichererbsen einweichen. Zwiebel und Knoblauch schälen, hacken und in 3 Esslöffeln Olivenöl anbraten. Am nächsten Morgen den Tintenfisch und die Kichererbsen abtropfen lassen. Tintenfisch würfeln und beiseite stellen.

Tomatenmark, Harissa und Quatre-Épices zu Knoblauch und Zwiebel in das Olivenöl geben und mit Salz und Pfeffer würzen.

25 ml Wasser hinzufügen. Die Mischung 5 Minuten kochen.

Kichererbsen und Dicke Bohnen zugeben.

Nach ca. 45 Minuten die Tintenfischwürfel hinzufügen. Mit den Gewürzen abschmecken.

Danach den Bulgur hinzufügen. Weitere 30 Minuten köcheln lassen. Die Petersilie und das Selleriegrün hacken und am Ende der Garzeit darüber streuen. Sehr heiß servieren.

Lamm-Gemüse-Suppe

Vorbereitungszeit: *1 Stunde*
Garzeit: *40 Minuten*
Schwierigkeitsgrad: ★★

Für 4 Personen

150 g	Möhren
150 g	Kartoffeln
1	Herz einer Selleriestange
1 Stange	Sellerie
250 g	Lammschulter
50 ml	Olivenöl
1	Zwiebel
1 Prise	Safranfäden
	Salz
	Pfeffer

100 g	Erbsen
1	Ei
½	Zitrone
	Öl zum Frittieren

Farce:

100 g	Lammhackfleisch
2 EL	Olivenöl
	Salz
	Pfeffer
25 g	Petersilie
25 g	geriebener Gruyère
2	Eier
2	*malsouka*-Teigblätter (ersatzweise Filo-Teig)

Die Lamm-Gemüse-Suppe mit Fleischröllchen ist eine recht sättigende Suppe. In einigen tunesischen Familien wird sie abends als Hauptgericht serviert. Diese Spezialität wird zusammen mit kleinen Teigröllchen gereicht, die mit Lammhackfleisch gefüllt sind.

Unser Küchenchef empfiehlt, zunächst Erbsen, Sellerie und Möhren zu garen. Letztere stammen aus dem Mittleren Osten und Zentralasien und werden in vielen tunesischen Rezepten verwendet. Dieses Gemüse mit der orangeroten Wurzel ist für seinen hohen Gehalt an Vitamin A bekannt. Wählen Sie junge Möhren, die fest und knackig sind und keine Flecken aufweisen. Im Kühlschrank halten sie sich etwa zwei Wochen.

10 Minuten nach Beginn der Garzeit sollten Sie die Kartoffeln hinzufügen. Warten Sie weitere 10 Minuten mit dem Sellerie, dem Gemüse für Suppen, Saucen und Ragouts.

Kurz bevor das Gericht fertig ist, rühren Sie ein Eigelb und etwas Zitronensaft unter. Unser Küchenchef empfiehlt, den Topf dafür vom Herd zu nehmen.

Reichen Sie zu der Lamm-Gemüse-Suppe kleine Teigröllchen. Mit ihren verschiedenen Füllungen sind sie ein typischer Bestandteil der tunesischen Küche. Die *malsouka*-Teigblätter bestehen aus Mehl, Salz, Öl und Wasser und können auch durch Filo-Teig ersetzt werden. Mohamed Boujelben reicht die Röllchen auf einem kleinen Teller zur Suppe. In manchen Familien werden sie jedoch auch zerteilt und direkt in die Suppe gegeben.

Diese Lamm-Gemüse-Suppe ist eine vollwertige Mahlzeit. Da sie nicht scharf ist, eignet sie sich auch gut für Kinder.

Möhren und Kartoffeln schälen und in kleine Würfel schneiden.

Das Sellerieherz in dünne Streifen schneiden und die Selleriestange fein würfeln.

Die Lammschulter von Fett und Sehnen befreien und in kleine Würfel schneiden.

mit Fleischröllchen

Die Fleischwürfel in 50 ml Olivenöl anbraten. Zwiebel und etwas Wasser mit Safran hinzufügen. Alles salzen und pfeffern. Etwas Wasser hineingießen und zum Kochen bringen. Möhren, enthülste Erbsen, Sellerie und Kartoffeln zugeben. 30 Minuten kochen.

Für die Füllung das Hackfleisch in Olivenöl anbraten. Alles salzen und pfeffern. Gehackte Petersilie, geriebenen Gruyère und ein Ei hinzufügen und alles umrühren. Ein Ei aufschlagen und verquirlen.

Für die Röllchen Teigblätter halbieren. Die Füllung auf die halbrunde Seite setzen und das Teigblatt aufrollen. Mit etwas verquirltem Ei bestreichen und in Öl ausbacken. Ein Eigelb und etwas Zitronensaft unter die Suppe rühren.

Artischocken-

Vorbereitungszeit: *30 Minuten*
Garzeit: *45 Minuten*
Schwierigkeitsgrad: ★★

Für 4 Personen

100 g	Lammfleisch
4	Artischocken
2	Zitronen
1 Stange	Sellerie
1 Bund	glatte Petersilie

25 ml	Olivenöl
	Salz
	Pfeffer
25 g	Tomatenmark
50 g	eingeweichte Kichererbsen
100 g	*hlalem*-Nudeln (oder feine Suppennudeln)

Die Einwohner von Tunis essen ihre *hlalem*-Nudeln das ganze Jahr über gern. Im Frühjahr kombinieren sie dieses Gericht mit einigen leckeren Blättern der Artischocke. Meistens wird diese sehr nahrhafte Nudelsuppe mit getrocknetem Lammfleisch *(kadid)* zubereitet. Damit Ihnen das Kochen besser gelingt, empfiehlt Ali Matri, ein Stück frisches Hammelfleisch zu verwenden. Sie können jedoch auch Rind- oder Kalbfleisch wählen.

Die Zubereitung des *kadid* ist in der Tat nicht ganz einfach: Während des Aïd-Festes legt man ein Stück Lammfleisch beiseite – beispielsweise aus der Rippe – und schneidet es in Streifen. Das Fleisch wird mit Minze, Knoblauch, Cayennepfeffer und Salz eingerieben und einige Tage in der Sonne getrocknet, bevor man es in Olivenöl brät. Dann ist es mehrere Monate haltbar. Früher stand den Tunesiern nicht täglich frisches Fleisch zur Verfügung, sodass sie sich stets *kadid*-Vorräte anlegten, um das ganze Jahr über Fleisch zu haben.

Die Artischocken verleihen dieser Nudelsuppe ihre besondere Note. Bei tunesischen Feinschmeckern sind sowohl die grünen als auch die violetten Artischocken sehr beliebt. Ali Matri bevorzugt letztere, die ein etwas kräftigeres Aroma haben. Wenn er sie zubereitet, lässt er immer unterhalb des Bodens den Ansatz des Stängels stehen, um der Suppe mehr Geschmack zu verleihen. Wenn die Stängel zart sind, können Sie diese sogar schälen und das Innere in kleine Würfel schneiden. Fügen Sie sie mit dem Tomatenmark der Suppe hinzu. Ein frühlingshafter *hlalem* schmeckt auch mit jungen Dicken Bohnen oder Erbsen gut.

Das Typische an dieser Gemüsesuppe sind die nur reiskorngroßen Nudeln. Sie werden von Hand gemacht und bestehen zur Hälfte aus Mehl, zur anderen Hälfte aus mit Bierhefe angereichertem Grieß. Sie schmecken wegen der Hefe etwas säuerlich.

Das Lammfleisch auf einem Schneidebrett zuerst in Streifen, dann in kleine regelmäßige Würfel mit 1 cm Seitenlänge schneiden.

Die Stängelansätze der Artischocken abschneiden. Mit einem spitzen Messer die Blätter und das Heu entfernen. Die Artischockenböden mit einer halben Zitrone beträufeln, damit sie nicht schwarz werden. Alles zusammen in eine Schüssel mit kaltem Wasser legen.

Stangen und Blätter des Selleries zerkleinern, Petersilie hacken. Die Fleischwürfel kurz in einem Topf mit Olivenöl anbraten. Salzen, pfeffern und umrühren, damit sich nichts am Topfboden festsetzt. Sellerie und Petersilie hinzufügen. Ca. 10 Minuten kochen.

Nudelsuppe

Ein Glas kaltes Wasser zugießen. Auf kleiner Flamme kochen, bis das Gemüse weich ist. Mit einem Holzlöffel das Tomatenmark unterrühren. Köcheln lassen und umrühren.

Ein weiteres Glas Wasser zugeben und alles zum Kochen bringen. Die Artischockenböden in Streifen schneiden. Wenn die Sauce kocht, Artischocken und Kichererbsen hinzufügen. Alles salzen und pfeffern. Ca. 10 Minuten zugedeckt kochen.

Wenn die Artischocken fast weich sind, die Nudeln hinzufügen. 5–10 Minuten kochen, mit Gewürzen abschmecken und heiß servieren. Dazu geviertelte Zitronen reichen.

Pikante

Vorbereitungszeit: *15 Minuten*
Garzeit: *40 Minuten*
Schwierigkeitsgrad: ★

Für 4 Personen

1	Zwiebel
100 ml	Olivenöl
1 EL	Tomatenmark
1 TL	Harissa (Gewürzmischung)
1 TL	Paprikapulver
1 TL	Kümmel
1 TL	gemahlener Koriander
	Salz
	Pfeffer
1 Stange	Sellerie
3	Knoblauchzehen
70 g	Grieß
	einige Rautenblätter, ersatzweise Sauerampferblätter
1	Zitrone

Zum Garnieren:

einige Rauten- oder Salbeiblätter
Zitronenscheiben

Dieses beliebte Gericht aus der Oase von Tozeur im Südwesten des Landes wird in seiner Heimat besonders scharf gewürzt. Sie wird von den Dattelpflückern schon ab vormittags mit altbackenem Brot verzehrt. Unser Küchenchef ist der Meinung, dass man mit ihr den Tag gut beginnen und gegen die Kälte ankämpfen kann.

Die Suppe wird auch während der Fastenzeit Ramadan gekocht. In manchen Familien wird sie zusammen mit Milch und Datteln abends nach dem Gebet serviert.

Diese Grießsuppe beinhaltet kein Fleisch und bietet viel Spielraum für Kräuter und aromatische Gewürze. Die Raute zum Beispiel wächst in dieser Region nahe der Wüste Sahara wild. Dieser kleine Strauch trägt runde, gezahnte Blätter, die eine grüne bis blaugrüne Färbung haben. Man kann die Raute an ihrem herben Geruch erkennen. Sie sollten die Blätter sehr sparsam verwenden, da sie ein sehr starkes Aroma haben. Auch veträgt nicht jeder dieses kräftige Kraut. Alternativ bietet sich der mildere Sauerampfer an.

Der Stangensellerie hingegen ist besonders wichtig für die Suppe. Das fein gehackte Gemüse aromatisiert die Suppe sehr angenehm. Stangensellerie ist das ganze Jahr über auf dem Markt erhältlich. Achten Sie beim Kauf darauf, dass er schön grün und fest ist, noch nicht welkt und keine gelblichen Flecken am Ansatz aufweist. Das weiche Innere kann man auch gut roh essen.

Mimoun Arroum empfiehlt, das Fett von der Suppe abzuschöpfen, nachdem Sie den Grieß hinzugefügt haben.

Die pikante Grießsuppe wird vor allem den Liebhabern kräftig gewürzter Speisen gut schmecken. Sie ist ein traditionelles Rezept aus dieser Region Tunesiens.

Zwiebel schälen und hacken. In 100 ml Olivenöl anbraten.

Tomatenmark, Harissa, Paprikapulver, Kümmel und Koriander hinzufügen. Alles salzen und pfeffern und mit einem Holzlöffel umrühren.

Selleriestange waschen und in kleine Stücke schneiden. Knoblauchzehen zerdrücken. Beides der Mischung hinzufügen.

Grießsuppe

1 l Wasser zugießen. Umrühren und etwa 10 Minuten kochen.

Rautenblätter waschen und zusammen mit dem Grieß hinzufügen. Ca. 10 Minuten kochen.

Zitrone schälen. Fruchtfleisch in kleine Würfel schneiden. Kerne entfernen und Würfel unter die Suppe rühren. 5 Minuten kochen. Suppe in tiefen Tellern anrichten, mit Rautenblättern und Zitronenscheiben garnieren.

Rindfleisch mit

Vorbereitungszeit: 10 Minuten
Garzeit: 40 Minuten
Schwierigkeitsgrad: ★

Für 4 Personen

4	Kartoffeln
	Salz
800 g	Rinderfilet in 4 Scheiben
1 EL	Kapern
	Pfeffer
1 Prise	Quatre-Épices (Pfeffer, Kümmel, Koriander, Zimt)
1	Ei

100 g	geriebener Gruyère
150 g	große grüne Oliven

Méchouia-Salat:

2	grüne Paprika
2	rote Paprika
2	Tomaten

Tomatensauce:

500 g	zerdrückte Tomaten
1	Knoblauchzehe
1	Zwiebel
1 EL	Tomatenmark
1 EL	Harissa (Gewürzmischung)
3 EL	Olivenöl

Der tunesische Name dieses Rezepts, *lahmet slata,* kann mit »Fleischsalat« übersetzt werden. Sabri Kouki schlägt vor, das Gericht mit dem berühmten *méchouia*-Salat zu garnieren. Früher wurde es mit Gouda zubereitet, während für die heutige Variante Gruyère verwendet wird, der besser dazu passt.

Dieses Gericht wird besonders raffiniert garniert, denn in Tunesien legt man viel Wert darauf, dass Speisen immer appetitlich aussehen – auch wenn die Küche oft rustikal ist. *Lahmet slata* wird mit Rinderfilet oder Kalbsnuss auf kleiner Flamme zubereitet. Unser Küchenchef empfiehlt entgegen der Tradition auch Putenschnitzel. Das verkürzt die Garzeit, vor allem wenn die Fleischscheiben dünn sind.

Das Gericht wird mit Quatre-Épices gewürzt, einer Mischung aus gemahlenem Pfeffer, Kümmel, Koriander und Zimt. Im Allgemeinen sollte man die Gewürze erst am Ende der Garzeit hinzufügen, da das Fleisch sonst recht scharf geraten könnte.

Der *méchouia*-Salat ist ein fester Bestandteil der tunesischen Küche. In manchen Gegenden wird er mit den länglichen, milden, roten oder grünen Paprika zubereitet, die man in Tunesien auch »Rinderhörner« nennt. Aber natürlich können Sie auch die hier zu Lande üblichen großen Paprika verwenden.

Das Rezept für das Kartoffelpüree kann nach Geschmack abgewandelt und zum Beispiel auch mit Thunfisch oder Kapern kombiniert werden. Damit es besonders cremig wird, können Sie es mit einem Esslöffel Olivenöl verrühren.

Méchouia-Salat: Von den Paprika jeweils ein Stück aufheben, den Rest zusammen mit den Tomaten 15–20 Minuten im Backofen grillen. Wenn sie gar sind, in einen Gefrierbeutel geben. Anschließend die Haut abziehen und die Früchte in dünne Streifen schneiden.

Die Kartoffeln in Salzwasser 15 Minuten kochen. Beiseite stellen. Für die Tomatensauce die zerdrückten Tomaten mit Knoblauch, gehackter Zwiebel, Tomatenmark und Harissa in 3 Esslöffeln Olivenöl 10 Minuten anbraten.

Die Fleischscheiben weich klopfen und zusammen mit den Kapern in die Sauce legen und mit Salz und Pfeffer würzen. Die Kartoffeln passieren und dieses Püree warm stellen.

Salathaube

200 ml Wasser zur Sauce gießen. Eine Prise Quatre-Épices hinzufügen. Bei kleiner Hitze köcheln lassen, bis sich das Öl oben absetzt. Ofen auf 220 °C vorheizen.

Den méchouia-Salat unter das warme Kartoffelpüree rühren. Ein ganzes Ei und den geriebenen Gruyère hinzufügen. Nachwürzen. Die zurückbehaltenen Stücke Paprika in schmale Streifen schneiden und beiseite stellen.

Auf einem Teller eine Fleischscheibe in einen Backring legen, Salat-Püree darauf verteilen, mit Bratensauce umgießen. Backring entfernen und den Teller 5–10 Minuten in den Ofen stellen. Mit Streifen von Paprika und Kapern garnieren und heiß servieren.

Geflügelpastete

Vorbereitungszeit: *25 Minuten*
Garzeit: *1 Stunde 20 Minuten*
Schwierigkeitsgrad: ✯

Für 4 Personen

1	Lammhirn
700 g	Hähnchenfleisch
200 g	Zwiebeln
100 ml	Olivenöl
25 g	Knoblauch
1 g	Safranfäden
1 TL	gemahlener Kreuzkümmel
4 oder 5	schwarze Pfefferkörner
1	Lorbeerblatt
10	Eier
4 Scheiben	Toastbrot
1 Prise	gemahlene Quatre Épices (Pfeffer, Kümmel, Koriander, Zimt)
	feines Salz
25 g	Butter

In den jüdischen Familien Tunesiens wird die Geflügelpastete (*minina*) anlässlich Familienfeiern auf den Tisch gebracht: zu Ehren von Gästen, bei Verlobungen, Hochzeiten, Beschneidungen oder der Bar-Mizwa. Sie ist ein Symbol für überschwängliche Festlichkeiten und wird zusammen mit einigen Schälchen in Harissa marinierten weißen Rüben, Oliven, Fenchel, Thunfisch, Möhren oder Gurken serviert. Diese kleinen Leckerbissen werden mit Feigenschnaps oder *boukha* gereicht. Während des Aperitifs nimmt der Älteste mit der Hand ein Häppchen und fordert die anderen auf, ebenfalls zu probieren. Diese Tradition wird auch heute noch in den jüdischen Familien tunesischen Ursprungs weitergeführt – unabhängig davon, wo sie leben. Auch in manchen moslemischen Familien gibt es inzwischen diese Sitte.

Im Gegensatz zu den tunesischen *tajines* (kompakten Gratins mit Eiern und Käse) vereinen sich bei der *minina* der Geschmack von Hähnchen, Hirn, Safran und Eiern. Ohne Käse entsteht eine leichtere Konsistenz. Für die Zubereitung der Geflügelpastete eignet sich am besten das zarte Lammhirn. Man kann aber auf diese Zutat auch verzichten.

Entbeinen Sie ein ganzes Hähnchen und verwenden Sie das gesamte Fleisch. Gießen Sie während des Kochens immer wieder Safranwasser zu. Wenn das Hähnchenfleisch gar ist, gießen Sie noch einmal Safranwasser nach und verrühren es mit dem Fleischsaft, bis eine Sauce entsteht. Sie können die Sauce abseihen, mit Stärke binden und in einer Sauciere reichen.

Alternativ bietet sich auch in Wasser oder Milch eingeweichtes Brot an, um die Pastete anzudicken. Unser Küchenchef empfiehlt, das Gericht im Backofen regelmäßig mit Safranwasser zu übergießen, um Aroma und Konsistenz zu verbessern.

Das Lammhirn gut waschen und abtropfen lassen. Das Hähnchen entbeinen. Die Filets und das Fleisch der Keulen in kleine Würfel schneiden.

Zwiebeln und Knoblauch schälen und hacken. In einem Topf Öl erhitzen, Zwiebeln, Hähnchenfleisch und Knoblauch in das heiße Öl geben und unter Rühren goldbraun anbraten.

In einem kleinen Topf Wasser zum Kochen bringen und Safran hineinstreuen. 5 Minuten kochen. Mehrfach eine Kelle Safranwasser über das Fleisch und die Zwiebeln gießen, bis sie gar sind. Abseihen und den Saft und übrige Zutaten getrennt voneinander beiseite stellen.

In einem Topf Wasser mit Kreuzkümmel, Pfefferkörnern und Lorbeerblatt erhitzen. Das Hirn in das heiße Wasser geben und pochieren.

3 Eier 10 Minuten kochen, dann pellen und das Eiweiß hacken. Das Hirn fein würfeln und mit dem Hähnchenfleisch, dem Eiweiß, dem eingeweichten und zerdrückten Brot sowie den Quatre-Épices-Gewürzen und Salz vermischen. Die Masse gut verrühren.

7 rohe Eier unter die Masse rühren. Eine Kastenform mit eingefettetem Backpapier auslegen. Die Fleischmasse hineingeben und mit Alufolie bedecken. 45 Minuten bei 180 °C auf einem mit Wasser gefüllten Blech backen. In Scheiben schneiden und mit der Safransauce servieren.

Bey-Tagine

Vorbereitungszeit: *30 Minuten*
Garzeit: *20 Minuten*
Schwierigkeitsgrad: ⭑

Für 4 Personen

1 kg	Spinat
9	Eier
150 g	Ricotta
150 g	geriebener Gruyère
100 g	Petersilie
1 EL	Olivenöl

Grundrezept Farce:

100 ml	Olivenöl
250 g	Lammhackfleisch
1	Zwiebel
3	Knoblauchzehen
	Salz
	Pfeffer
5 g	gemahlener Koriander

In der kulinarischen Tradition Tunesiens kann man Taginen, die mit ihren Namensvettern aus Marokko überhaupt keine Ähnlichkeit haben, am ehesten als eine Art Aulauf beschreiben. Je nach Region werden diesem beliebten Gericht auf der Grundlage von Eiern und Käse verschiedene Gemüsesorten und Fleisch hinzugefügt.

Die *Bey*-Tagine ist eine Eigenkreation unseres Küchenchefs. Sie besteht aus drei verschiedenen Farcesorten, die separat mit der Grundfarce vermischt werden, sodass ein besonders raffiniertes Gericht entsteht. Mohamed Boujelben orientierte sich am Aussehen der *Baklava el Bey*, einer dreifarbigen Süßspeise mit Mandeln, und schuf eine Variante der beliebten Tagine, indem er mit Farben und Formen experimentierte.

Der Name dieses Rezepts ist eine Anspielung auf die tunesische Geschichte zur Zeit der Osmanen. Der *Bey* war ein hoher Beamter im Dienst des Sultans, der bis zum 18. Jahrhundert mit Verwaltungsaufgaben betraut war. Durch die nicht enden wollenden Intrigen und Verschwörungen im Palast wurde *Bey* zu einem Erbtitel, der den Stellvertreter des Sultans bezeichnete.

Beys waren für ihre hohen kulinarischen Ansprüche bekannt, weshalb es auch nicht verwundert, ihren Titel als Teil dieses Rezeptnamens zu finden. Die Grundfarce besteht aus Lammhackfleisch und bildet mit dem Spinat die erste Schicht dieses Gerichts. Spinatblätter sollten unter fließendem Wasser gewaschen, aber nicht eingeweicht werden, empfiehlt unser Küchenchef.

Die mittlere Schicht auf Käsebasis bildet einen schönen, hellen Farbkontrast, sodass das Grün von Spinat und Petersilie besonders gut zur Geltung kommt. Sie besteht aus geriebenem Gruyère und Ricotta und schmeckt leicht und cremig.

Für die Grundfarce das Lammhackfleisch in 100 ml Olivenöl anbraten. Gehackte Zwiebel und zerdrückten Knoblauch hinzufügen. Salzen und pfeffern, Koriander zugeben und umrühren. Abkühlen lassen und beiseite stellen.

Den Spinat in kochendem Wasser etwa 3 Minuten blanchieren. Abtropfen lassen. Kleine Kugeln formen und hacken.

Die Grundfarce in drei gleich große Portionen aufteilen. Unter eine Portion den Spinat und 3 Eier rühren.

Den Ricotta und geriebenen Gruyère sowie 3 Eier mit der zweiten Portion der Grundfarce verrühren.

Für die dritte Farce die letzte Portion mit gehackter Petersilie und 3 Eiern mischen.

Eine Auflaufform einfetten. Die Spinatfarce einfüllen und 5 Minuten bei 180 °C backen. Die Käsefarce darauf verteilen und weitere 5 Minuten backen. Die Petersilienfarce hineingeben und 5 Minuten backen. Die Tagine kurz abkühlen lassen, aus der Form lösen und in Rauten schneiden.

Graupensuppe

Vorbereitungszeit: *20 Minuten*
Einweichzeit für Kichererbsen und Linsen: *1 Nacht*
Garzeit: *55 Minuten*
Schwierigkeitsgrad: ★

Für 6 Personen

50 g	Kichererbsen
25 g	Linsen
100 g	Dicke Bohnen
2	Zwiebeln
50 ml	Olivenöl
100 g	Bulgur
4	Knoblauchzehen
70 g	Tomatenmark
25 g	Harissa (Gewürzmischung)
25 g	Paprikapulver
	Salz
	Pfeffer
25 g	Kümmel
1	weiße Rübe
1	Möhre
25 g	Erbsen
½ Bund	Petersilie
½ Bund	frischer Koriander
10	Spinatblätter
2 Stangen	Sellerie
1 oder 2	Zitronen

In Tunesien wird die Graupensuppe *borghol jeri bil khodhra* genannt. *Borghol* ist ein Getreideprodukt auf der Basis von gekochtem Weizen, während *jeri* »flüssige Mischung« bedeutet und *khodhra* »Gemüse«. Das nahrhafte vegetarische Gericht ist äußerst bekömmlich und in ganz Tunesien bekannt. Mit dieser Suppe kann man sich im Winter wunderbar aufwärmen.

Die Tunesier verwenden beim Kochen zahlreiche Hülsenfrüchte: Kichererbsen, Dicke Bohnen und Linsen kommen fast täglich auf den Tisch. Nach der Ernte werden sie in der Sonne getrocknet und können dann das ganze Jahr über aufbewahrt werden. In Tunesien findet man Linsen im Salat oder mit Lammfleischstücken als Hauptgericht. Und zum Frühstück ist Rinderbrühe mit gekochten Kichererbsen, Olivenöl, Kreuzkümmel und Harissa sehr beliebt.

Unser Küchenchef achtet genau auf die individuellen Garzeiten, damit die Gemüsewürfel nicht an Form, Konsistenz oder Aroma verlieren.

Im Winter werden für unsere Suppe meist getrocknete Dicke Bohnen verwendet. Wie die Linsen und Kichererbsen müssen auch die Bohnen vor dem Kochen eingeweicht werden. Natürlich variiert die Menge und Auswahl der Gemüsesorten je nach Jahreszeit und Verfügbarkeit.

Die Tunesier reichen zu dieser Suppe geviertelte Zitronen, deren Saft sie auf den Teller pressen. Die Einwohner von Kerkenah, der Heimatinsel unseres Küchenchefs, wischen ihren Suppenteller mit *galit* aus – einem runden Fladenbrot mit Löchern, das sie an Fäden an der Hauswand trocknen.

Am Vorabend Kichererbsen und Linsen einweichen. Die Bohnen putzen, die Zwiebeln schälen und hacken. 2 l Wasser mit etwas Olivenöl in einen Topf füllen. Bulgur, Dicke Bohnen, Kichererbsen, Linsen und Zwiebeln hinzufügen. 30 Minuten köcheln lassen.

Den Knoblauch schälen und pressen. Nach der angegebenen Garzeit Tomatenmark, Harissa, Paprikapulver, Salz, Pfeffer, Kümmel und Knoblauch in den Topf geben. 10 Minuten auf kleiner Flamme köcheln lassen.

Weiße Rübe und Möhre putzen und in kleine regelmäßige Würfel schneiden. Alles in die Suppe geben.

mit Gemüse

Die Erbsen hinzufügen und weitere 5 Minuten kochen.

Auf einem Schneidebrett nacheinander Petersilie, Koriander, Spinat und Sellerie hacken.

Alles der Suppe hinzufügen. Weitere 7–10 Minuten kochen und mit Salz und Pfeffer abschmecken. Heiß mit geviertelten Zitronen servieren.

Auberginen-

Vorbereitungszeit: *35 Minuten*
Garzeit: *1 Stunde 20 Minuten*
Schwierigkeitsgrad: ★

Für 4 Personen

500 g	Lammschulter, ohne Knochen
400 g	Auberginen
1	große Zwiebel
100 ml	Olivenöl
	Salz
	Pfeffer
1 Prise	Kurkuma
½ Bund	Petersilie
8	Eier
200 g	geriebener Käse
	Öl zum Anbraten

Die Küche Tunesiens spiegelt die Geschichte des Landes wider. Nachdem es mehrfach besetzt worden war, übernahm die Bevölkerung im Laufe der Jahrhunderte teilweise die gastronomischen Traditionen der Eroberer.

Die Auberginen-Lamm-Tagine ist ein Beispiel für diesen kulturellen Anpassungsprozess. Bis in die 1960er-Jahre wurde dieses Gericht osmanischen Ursprungs vor allem bei wohlhabenden Bürgern in Tunis serviert. Mittlerweile ist es allen Bevölkerungsschichten zugänglich und wird in zahlreichen Familien auf den Tisch gebracht.

Die Tagine verdankt ihren Namen der glasierten Tonform mit luftdicht schließendem Deckel, in der diese Speise gebacken wird. Darin können viele verschiedene Gerichte zubereitet werden, die ein langsames, schonendes Garen ohne großen Flüssigkeitsverlust erfordern. In der Regel handelt es sich dabei um Rezepte mit Gemüse, Fisch, Geflügel oder Fleisch.

Doch die tunesische Tagine ist anders. Das Wort bezieht sich zwar auf die getöpferte Form, aber eigentlich handelt es sich um eine Art Gemüsekuchen mit Eiern und geriebenem Käse, in dem verschiedene Gemüse- und Fleischsorten kombiniert werden.

Ein Lamm darf beim Schlachten nicht älter als 300 Tage sein, damit es als Lammfleisch verkauft werden kann. Je nach Geschmack können Sie für dieses Gericht aber auch Rind- oder Kalbfleisch verwenden. Würzen Sie es mit etwas Harissa, um den Geschmack zu unterstreichen.

Unser Küchenchef verwendet Kurkuma wegen ihres einzigartigen Aromas. Diese Pflanze wird in der Regel als Gewürz oder Farbstoff genutzt. In Pulverform ist die Kurkumawurzel etwas bitterer als Safran. In Tunesien wird die Auberginen-Lamm-Tagine hauptsächlich zu Ramadan zubereitet. Man genießt sie dann nachts im Mondschein.

Das Lammfleisch von Sehnen und Haut befreien und fein würfeln. Auberginen waschen und in dünne Scheiben schneiden.

Die gehackte Zwiebel in 50 ml Olivenöl anbraten. Lammwürfel hinzufügen und anbraten. Salzen, pfeffern und Kurkuma zugeben.

Wasser zugießen. Zugedeckt kochen, bis das Kochwasser verdunstet ist. Gehackte Petersilie hinzufügen und abkühlen lassen.

Lamm-Tagine

Die Eier in einer Schüssel verquirlen. Zum Fleisch geben. 150 g geriebenen Käse hinzufügen und alles umrühren.

Die Auberginenscheiben leicht in Öl anbraten. Mit Küchenpapier abtupfen, zum Fleisch geben und umrühren.

Die Form mit 50 ml Olivenöl einfetten. Die Tagine einfüllen und mit dem restlichen Käse bestreuen. Bei 180 °C ca. 25 Minuten backen. Mit einem Pfannenwender aus der Form holen und auf einer Servierplatte anrichten.

Königskronen-

Vorbereitungszeit: *15 Minuten*
Garzeit: *35 Minuten*
Ruhezeit für den Teig: *30 Minuten*
Schwierigkeitsgrad: ☆

Für 4 Personen

250 g	rohe Garnelen
500 g	geschälte Krabben
150 g	geriebener Gruyère
11	Eier
	Salz
	Pfeffer
50 g	große grüne Oliven
½ TL	Kreuzkümmel
1 EL	Tomatenpüree
1 EL	Olivenöl
	Öl zum Frittieren

Tartarsauce:

1 TL	Senf
	Salz
250 ml	Sonnenblumenöl
	Kapern
	Petersilie
1	Zwiebel
2	Eier

Ausbackteig:

100 g	Mehl
250 ml	Bier
	Salz
1	Ei

Diese Tagine krönt wahrhaft jede Tafel! Sabri Kouki gewann damit den ersten Preis eines Wettbewerbs, bei dem Meeresfrüchte im Mittelpunkt standen. Die Tunesier nennen das Gericht typisch blumig umschrieben *tej el molk* – die Krone des Königtums.

Wählen Sie feste, glänzende Garnelen mit einem angenehmen Geruch. Statt Garnelen können Sie auch Tintenfisch, Muscheln oder Krebsfleisch verwenden. Zum Garnieren eignen sich allerdings Garnelen am besten. Unser Küchenchef empfiehlt Ihnen, die Klößchen zu panieren, sodass Sie keinen Ausbackteig herstellen müssen.

In Tunesien gibt es Taginen in verschiedenen Formen, die jedoch stets gratiniert sind und mit Eiern zubereitet werden. Es gibt Varianten mit Fleisch, Fisch, Zwiebeln, grünen Bohnen oder Käse. Auch in den Märchen aus Tausendundeiner Nacht ist oft von Taginen die Rede. Jede tunesische Familie hat ein eigenes Hausrezept!

Die Königskronen-Tagine schmeckt am besten, wenn Sie eine Tartarsauce dazu reichen. Sie besteht aus Mayonnaise, die Sie mit 1 Teelöffel Senf und etwas Salz verrühren. Dann gießen Sie Sonnenblumenöl hinzu. Zum Schluss geben Sie je 1 Teelöffel gehackte Kapern, gehackte Petersilie und gehackte Zwiebel sowie ein gehacktes halbes hart gekochtes Ei zu.

Mit einem weiteren eingerührten Teelöffel Wasser erhalten Sie eine cremige Sauce!

Die Garnelen und die geschälten Krabben 2–3 Minuten in Wasser kochen. Schälen und beiseite stellen. 400 g Krabben aufheben, die übrigen 100 g mit 50 g Gruyère mixen. Unter diese Masse ein ganzes Ei rühren und mit Salz und Pfeffer würzen. Oliven entsteinen.

Die Hälfte der klein geschnittenen Oliven unter die Krabbenmasse rühren. Kreuzkümmel hinzufügen. Die andere Hälfte der Oliven beiseite stellen. Den Ofen auf 200 °C vorheizen.

Mit den Händen kleine Klößchen aus der Krabbenmasse formen. Die Hälfte der Garnelen zum Garnieren aufheben, die andere Hälfte mit dem Tomatenpüree 1 Minute in 10 ml Olivenöl anbraten und schälen.

Tagine

Aus Mehl, Bier, etwas Salz und einem Ei einen Ausbackteig herstellen. 30 Minuten gehen lassen. Die Klößchen in den Ausbackteig tunken und in Öl ausbacken. Warm stellen.

10 Eier verquirlen. Den restlichen geriebenen Gruyère, die Oliven und die übrigen 400 g Krabben unterrühren. Auf dem Boden einer Kranzkuchenform die angebratenen und geschälten Garnelen verteilen. Die verquirlten Eier hineingießen. 15 Minuten bei 200 °C backen.

Die Tagine aus der Form lösen. Zum Garnieren die ungeschälten Garnelen und die Klößchen mit Zahnstochern in gleichmäßigen Abständen feststecken. Genießen Sie die Klößchen mit Tartarsauce (siehe oben).

Lamm-Gemüse-

Vorbereitungszeit: *25 Minuten*
Garzeit: *50 Minuten*
Schwierigkeitsgrad: ★

Für 4 Personen

8	Eier
350 g	Lammleber und -herz
	Salz
	Pfeffer
25 g	Zwiebeln
100 ml	Olivenöl

½ EL	Tomatenmark
1 Prise	gemahlene Kurkuma
150 g	roter Kürbis
150 g	grüne Peperoni
200 g	Tomaten
200 g	Kartoffeln
1 Prise	gemahlener Koriander
100 g	trockenes Brot
3 oder 4 Zweige	glatte Petersilie
10 g	Butter für die Form
500 ml	Pflanzenöl zum Frittieren

Die Lamm-Gemüse-Tagine (*tajine kaftaji*) kommt aus Kairouan und verbindet zwei köstliche, typisch tunesische Gerichte miteinander. In diesem Land bezeichnet man eine Speise aus Fleischfarce, Gemüse oder Fisch mit Zwiebeln, Petersilie und Ei und im Ofen gratiniert als Tagine. Für das *kaftaji* benötigt man scharfe Peperoni, Tomaten und roten Kürbis, die man brät und im Mixer vermengt, salzt, pfeffert und mit Kräutern würzt, bevor gehackte Spiegeleier hinzukommen. Unser Küchenchef mischt in seinem Rezept rohe und gekochte Eier und fügt Kartoffeln hinzu.

Chokri Chteoui präsentiert Ihnen eine Lamm-Gemüse-Tagine mit Innereien. Tunesier lieben Leber, Herz und Nieren von Lamm oder Rind, die sie gern mit Zucchini, Auberginen und Paprika füllen. Die bekannteste Spezialität dieser Art ist die *klaya*, bei der zunächst verschiedene Innereien in Öl angebraten werden und dann in Tomatenmark köcheln oder mit Kurkuma gewürzt werden.

Statt Innereien können Sie für dieses Gericht auch kleine Tintenfischstücke, Krabben, Geflügel oder Rindfleisch wählen. Es ist auch möglich, eine vegetarische Tagine herzustellen – mit Erbsen, Kartoffeln, Möhren, Petersilie und Zwiebeln zum Beispiel.

Unser Küchenchef empfiehlt, das Rezept auch in der Variante *malsouka*-Tagine auszuprobieren. Legen Sie dafür eine Backform mit Teigblättern (*malsouka*-Teigblätter, ersatzweise Filo-Teig) aus, die Sie mit zerlassener Butter bestreichen. Verteilen Sie die Farce darauf, legen Sie weitere Teigblätter darüber und backen Sie die Tagine im Ofen.

In tunesischen Familien wird die Farce auf ein Backblech gegossen und im Ofen gebacken. Dann schneidet man die Tagine in rechteckige oder dreieckige Stücke und serviert sie warm oder kalt. Meist wird zu dieser Tagine eine Tomatensauce mit Knoblauch, Harissa und Kümmel gereicht.

2 Eier 10 Minuten kochen. Beiseite stellen. Lammleber und -herz in Streifen schneiden, dann würfeln und mit Salz und Pfeffer würzen. Zwiebeln schälen und hacken.

In einer Pfanne Olivenöl erhitzen. Innereien und Zwiebel hinzufügen, umrühren und goldbraun anbraten. Tomatenmark und Harissa sowie ein Glas Wasser zugeben. Alles aufkochen.

Den Kürbis in Streifen schneiden und schälen. Paprika entstielen und Samen entfernen. Tomaten waschen und trockentupfen. Kartoffeln schälen und in Scheiben schneiden. Das ganze Gemüse portionsweise in heißem Fett frittieren.

Tagine

Tomaten fein würfeln. Frittierte Kartoffeln, Kürbis und Paprika ebenfalls in Würfel schneiden. Alles in eine Auflaufform füllen. Mit Koriander, Salz und Pfeffer würzen.

Die hart gekochten Eier pellen und hacken. Das trockene Brot zu Semmelbröseln mahlen. Innereien in die Auflaufform füllen. Gehackte Eier, Semmelbrösel und frittierte Gemüsewürfel hinzufügen.

6 Eier in eine Schüssel schlagen und über die Farce geben. Mit Salz, Pfeffer und gehackter Petersilie würzen. Eine Springform einfetten, die Farce hineinfüllen und glatt streichen. Etwa 20 Minuten bei 180 °C goldbraun backen. Aus der Form lösen und in Stücken servieren.

Gemüse-

Vorbereitungszeit: *30 Minuten*
Garzeit: *45 Minuten*
Schwierigkeitsgrad: ★

Für 4 Personen

500 g	Auberginen
500 g	Zucchini
	Öl zum Anbraten
	Salz
	Pfeffer
250 g	Lammschulter
1	Zwiebel
3½ EL	Olivenöl
1 TL	Kurkuma
125 g	geriebener Käse
8	Eier

Gemüse ist das Herz dieses Rezeptes, und Gemüse passt hervorragend zu Bizerte und seinem Umland. Die phönizische Stadt ist vor allem wegen ihres Seehandels bekannt, verdankt aber auch den Mauren viel, welche aus Spanien vertrieben wurden und ihren traditionellen Gemüseanbau in Tunesien einführten.

Die tunesische Tagine ist eine Art Auflaufgericht mit Eiern und geriebenem Käse, das durch Fleisch oder verschiedene Gemüsesorten variiert wird. Unser Küchenchef empfiehlt hier eine Tagine mit in Scheiben geschnittenen Auberginen und Zucchini. Dieses traditionelle Gericht aus Bizerte ist typisch für den Mittelmeerraum.

Beginnen Sie beim Anbraten mit den Zucchini, die am wenigsten Öl aufsaugen. Sie enthalten viel Wasser, sind kalorienarm und stammen ursprünglich aus Mittelamerika. Fethi Tounsi rät, kleine Früchte zu wählen, da sie ein zarteres Fleisch haben. Zucchini sollten eine einheitliche Farbe aufweisen und keine Flecken haben. Der Schnitt am Stiel muss frisch sein. Man kann Zucchini mit oder ohne Schale verzehren.

Von den in Tunesien sehr beliebten Auberginen gibt es mehrere Varianten: lange, runde, schwarze, violette und weiße. Wählen Sie Früchte ohne Flecken, mit glatter Haut, deren Stielansatz noch frisch ist. Meiden Sie große Früchte, denn diese haben viele Samen. Das Aroma der Aubergine lässt sich gut mit Tomaten, Zucchini, Knoblauch und Oliven kombinieren. Wie in unserem Rezept passt sie auch hervorragend zu Lammfleisch.

Unser Küchenchef backt diese Tagine in Einzelportionen. Wenn Sie eine traditionellere Version bevorzugen, können Sie auch eine große Form wählen, die an die legendäre Geselligkeit der Tunesier erinnert.

Auberginen und Zucchini waschen und in Scheiben schneiden.

Auberginen- und Zucchinischeiben in Öl anbraten und mit Küchenpapier abtupfen. Alles salzen und pfeffern.

Die vom Knochen gelöste Lammschulter in kleine Würfel schneiden.

Tagine

Die gehackte Zwiebel in 3 Esslöffeln Olivenöl anbraten. Lammwürfel hinzufügen. Mit Salz, Pfeffer und Kurkuma würzen. 10 Minuten anbraten und dann in eine Schüssel füllen.

80 g geriebenen Käse und 4 Eier hinzufügen. In einer Schale die übrigen Eier und den restlichen geriebenen Käse verrühren und beiseite stellen.

Auflaufförmchen einfetten. Auberginen- und Zucchinischeiben sowie Lammfleisch einfüllen. Mit einer Schicht Gemüsescheiben bedecken. Die Käse-Ei-Masse darüber geben. Auf einem mit Wasser gefüllten Backblech 15 Minuten bei 180 °C backen. Aus der Form lösen und anrichten.

Graubarschsuppe

Vorbereitungszeit: *20 Minuten*
Garzeit: *1 Stunde*
Schwierigkeitsgrad: ★

Für 4 Personen

1	Graubarsch (300 g)
	Salz
	Pfeffer
25 g	Zwiebeln
100 ml	Olivenöl
2	Tomaten
1 EL	Tomatenmark
½ TL	gemahlener Kümmel
½ TL	Harissa (Gewürzmischung)
5 g	Knoblauch
½ TL	rote, zerstoßene Chilischoten
80 g	mittelgrobe *chorba frik* (ersatzweise Weizenschrot)
1 kleines Stück	Selleriestange
2 oder 3 Zweige	glatte Petersilie
1	Zitrone

Diese Suppe ist in den Städten der Sahel-Zone so beliebt, dass sie bei vielen Mahlzeiten während des Ramadan serviert wird. Das als *tchich* bezeichnete Gericht basiert auf Weizenschrot, Chili und Kräutern und existiert in zahlreichen Variationen. Chokri Chteoui bevorzugt die Zubereitung mit verschiedenen kleinen Fischen oder mit Graubarsch, getrocknetem Tintenfisch oder Zackenbarsch. Auf dem Land wird die Suppe eher mit Geflügel oder Lammfleisch kombiniert. Wenn es am frühen Morgen noch kühl ist, wärmen sich die Tunesier oft auch eine Portion vegetarischen *tchich* mit viel Knoblauch auf.

Die Tunesier sind bei der Verwendung von Getreide sehr erfindungsreich und bestreuen beispielsweise diese Suppe mit *chorba frik*, das man aus Weizenähren herstellt, die geerntet werden, bevor sie ganz reif sind, dann zwischen Strohlagen erhitzt und anschließend gedroschen werden. Nachdem die Körner gewaschen sind, wird Salz darüber gestreut. Dann folgen das Trocknen in der Sonne, das Verlesen und Zerstoßen. Nach dem Sieben, wodurch das Mehl von der Kleie getrennt wird, sortiert man die groben Teile in drei Kategorien. Die feinen Körner werden zum Brotbacken verwendet, die mittelgroben kommen in die Suppe und die ganz groben verarbeitet man zu Couscous. Allerdings wird heute auch schon industriell hergestelltes *frik* zum Kauf angeboten.

Choukri Chteoui empfiehlt, für die Graubarschsuppe *harissa dyari* zu verwenden – eine relativ scharfe Variante mit getrockneten Chilischoten, Knoblauch, Salz und Kümmel. Jede andere Harissa-Sorte ist aber auch geeignet.

In der Regel zerbröckelt unser Küchenchef den Fisch in der Suppe, kurz bevor diese serviert wird. Zum Garnieren können Sie den Schwanz oder andere große Stücke des Graubarschs nutzen.

Den Graubarsch abschuppen, ausnehmen und waschen. In der Mitte durchschneiden. Innen und außen salzen und pfeffern. Beiseite stellen.

Knoblauch und Zwiebel schälen und hacken. In einem großen Topf die Zwiebel in Olivenöl anbraten.

Tomaten schälen, Samen entfernen und Tomaten im Mixer zerkleinern. Tomatenmark mit etwas Wasser verrühren. Zwiebel, etwas Kümmel, Tomatenmark, Harissa, Tomatenpüree, Knoblauch, Salz, Pfeffer und Chili hinzufügen. 10 Minuten kochen.

1 l Wasser zugießen und zum Kochen bringen. Den Fisch in die kochende Sauce legen. Mit Salz, Pfeffer und dem restlichen Kümmel würzen. Zugedeckt 20–30 Minuten kochen.

Wenn die Fischstücke gar sind, mit einem Schaumlöffel aus der Sauce herausnehmen und beiseite stellen.

500 ml Wasser in die Sauce gießen und zum Kochen bringen. Chorba frik und gehackten Sellerie hinzufügen. Umrühren, Deckel auflegen und 15 Minuten bei mittlerer Hitze kochen. Abschmecken. Mit den Fischstücken, gehackter Petersilie und Zitronenscheiben servieren.

Teigwaren & Couscous

Frühlingsnudeltopf

Vorbereitungszeit: *1 Stunde*
Einweichzeit für die Kichererbsen: *12 Stunden*
Garzeit: *2 Stunden 5 Minuten*
Schwierigkeitsgrad: ★★

Für 4 Personen

400 g	Tintenfisch
100 g	*mhamsa* (ersatzweise Reisnudeln)
200 g	feiner Grieß
½	Hähnchen
100 ml	Olivenöl
1 EL	Harissa (Gewürzmischung)
1 EL	Tomatenmark
50 g	getrocknete Sardinen
50 g	Kichererbsen
1 TL	Paprikapulver
1 TL	Kümmel
1 TL	gemahlener Koriander
	Salz
20 g	Linsen
2	getrocknete Chilischoten
150 g	frische weiße Bohnenkerne
4	Knoblauchzehen
	Pfeffer

Der Frühlingsnudeltopf ist eine typische Spezialität aus Tozeur. In dieser Oase im äußersten Südwesten Tunesiens dient das Gericht als Begrüßung für den nahenden Frühling.

Mhamsa sind von Hand gemachte Nudeln. Man mischt die in etwas Wasser eingeweichten kleinen Nudeln mit feinem Grieß, sodass sie nach und nach die Form von Pfefferkörnern erhalten. Unser Küchenchef fügt nur Wasser hinzu, wenn die Nudeln zwischen den Fingern trocken werden.

Typisch für dieses beliebte Gericht ist auch die Kombination von Hähnchen und getrockneten Sardinen. Die in Tunesien zahlreich vorkommenden Fische werden von Frühling bis Sommer gefangen. Vor der Verwendung müssen sie in Wasser eingeweicht und gewaschen werden.

Durch das Hähnchen ist der Frühlingsnudeltopf ein nahrhaftes Gericht. Mimoun Arroum empfiehlt, die Knochen und Innereien des Hähnchens mit dem zerkleinerten Fleisch mitzukochen. So erhält die Speise einen noch intensiveren Geschmack. Wählen Sie ein möglichst fleischiges Hähnchen mit wenig Fett.

Als Symbol des Frühlings gehören auch weiße Bohnenkerne in dieses Rezept. Sie stammen ursprünglich aus Persien und Afrika, werden jedoch schon seit Urzeiten im gesamten Mittelmeerraum verzehrt. Wenn sie noch jung sind, muss ihre dünne Haut nicht abgezogen werden.

Auf keinen Fall sollte das Gericht aufgewärmt werden. In Tunesien wird das Nudelragout heiß oder kalt genossen.

Den Tintenfisch in Stücke schneiden und 1 Stunde 20 Minuten in Wasser kochen. Die kleinen Nudeln auf einem Backblech verteilen und mit etwas Wasser anfeuchten. Mit den Fingern vermischen.

Den feinen Grieß hinzufügen und dabei weiter mit den Fingerspitzen alles verrühren. Etwas Wasser zugießen, um pfefferkorngroße Teigkugeln zu formen.

Das halbe Hähnchen in Stücke schneiden und in 100 ml Olivenöl anbraten. Harissa und Tomatenmark hinzufügen und umrühren. Dann die Sardinen und die über Nacht eingeweichten Kichererbsen zugeben.

Alles mit Paprikapulver, Kümmel, Koriander und Salz würzen. Linsen und 2 l Wasser hinzufügen und ca. 30 Minuten kochen.

Die ganzen Chilischoten, Bohnenkerne und Tintenfischstücke hinzufügen. Etwa 25 Minuten köcheln lassen. Die Nudeln im Wasserdampf 20 Minuten garen.

Die Nudeln in den Eintopf rühren. Zerdrückte Knoblauchzehen und Pfeffer hinzufügen. 15 Minuten köcheln. Den Frühlingsnudeltopf auf eine Platte geben und die Hähnchenstücke, den Tintenfisch und die Sardinen auf den Nudeln anrichten.

Bulgurtopf

Vorbereitungszeit: *20 Minuten*
Einweichzeit für die Kichererbsen: *1 Nacht*
Garzeit: *55 Minuten*
Schwierigkeitsgrad: ★

Für 4 Personen

50 g	Kichererbsen
500 g	Lammschulter
4	Knoblauchzehen
	feinkörniges Salz
	schwarzer Pfeffer

30 g	gemahlene Kurkuma
50 g	Paprikapulver
100 ml	Olivenöl
2	Zwiebeln
20 g	Tomatenmark
300 g	grober Bulgur
70 g	frische Erbsen

Zum Garnieren:

4	kleine grüne Paprika
	Öl zum Frittieren

Bulgurtopf mit Lamm (*borghol bil allouche*) ist ein in ganz Tunesien beliebtes Gericht. Es hat deutliche Ähnlichkeit mit einem Lamm-Risotto, eine Zutat sorgt jedoch für einen großen Unterschied: Die Tunesier kochen das Lamm mit echt tunesischem Bulgur, der im Gegensatz zum Reis nicht importiert wird.

Er wird aus geschrotetem Weizen hergestellt und ist in Tunesien äußerst beliebt. Ein Großteil des Getreides stammt aus der fruchtbaren Mateur-Ebene im Norden und den Regionen Jendouba und Béja im Nordwesten des Landes. Nach dem ersten Verlesen werden die Weizenkörner in kochendem Salzwasser gegart. Man trocknet sie dann mehrere Tage in der Sonne. Anschließend werden sie in einem Mörser zerdrückt oder in der Dorfmühle gemahlen und gesiebt. Heutzutage werden diese Arbeitsschritte meist industriell durchgeführt.

Feiner Bulgur wird in Suppen verwendet, während man den groben meist in einer Fleischsauce gart und als Hauptgericht serviert. Häufig kommt dieses Getreideprodukt auch zusammen mit Tomaten, Olivenöl, Salz und Pfeffer in Form von Salat auf den Tisch. Die Tunesier essen Bulgur darüber hinaus gern mit Milch und Honig zum Frühstück.

Bulgur wird auf dieselbe Weise gekocht wie Risottoreis: Man benötigt doppelt so viel Wasser wie Getreide. Nach einem Geheimtipp seiner Großmutter fügt unser Küchenchef dem Kochwasser die Gewürze hinzu, die in der Form übrig geblieben sind, in welcher er das Fleisch gewürzt hat. Dadurch erhält der Bulgur ein kräftigeres Aroma.

Mohamed Boussabeh empfiehlt außerdem, die Knochen mit dem Fleisch zu kochen, um einen kräftigeren Geschmack zu erzielen. Sie können dieses Gericht auch mit Kaninchen- oder Hähnchenfleisch zubereiten.

Die Kichererbsen über Nacht einweichen. Das Lammfleisch von den Knochen lösen und in große Würfel mit etwa 50 g Gewicht schneiden. Den Knoblauch schälen und zerdrücken.

Salz, Pfeffer, Kurkuma, Paprikapulver und Knoblauch über dem Fleisch verteilen. Großzügig Olivenöl darüber gießen. Mit den Händen alles vermengen, damit sich die Gewürze gut verteilen.

Zwiebeln schälen und in dünne Ringe schneiden. Zwiebelringe, Tomatenmark, Fleischstücke und Kichererbsen in einem Topf mit etwas Olivenöl anbraten.

mit Lamm

Etwa 2 Gläser Wasser zugießen und zum Kochen bringen.

Dann den Bulgur hinzufügen, umrühren und abdecken. Ca. 35 Minuten kochen, dabei gelegentlich umrühren.

Zum Schluss die frischen Erbsen hinzufügen und umrühren. Alles in eine Auflaufform füllen und 10 Minuten im Backofen grillen. Mit frittierten kleinen Paprika garnieren.

Lamm-Chorba

Vorbereitungszeit: *20 Minuten*
Garzeit: *1 Stunde 15 Minuten*
Schwierigkeitsgrad: ★★

Für 4 Personen

1,2 kg	Lammkeule
5 EL	Olivenöl
1	große Zwiebel
1 TL	Harissa (Gewürzmischung)
2 EL	Tomatenmark
	Salz
	Pfeffer
1 Prise	Quatre-Épices (Pfeffer, Kümmel, Koriander, Zimt)
2	Möhren
2	Kartoffeln
2	grüne Paprika
500 g	*chorba*, ersatzweise Reisnudeln

Chorba m'faoura ist ein Klassiker der tunesischen Küche. Dieses Lammgericht wird häufig bei Familienfeiern serviert. Die kleinen Nudeln, die auch durch gewöhnliche Reisnudeln ersetzt werden können, sorgen dafür, dass dieses Gericht sehr sättigend ist. In Tunesien heißen sie *chorba*.

Nudeln wurden aus Italien in den Maghreb eingeführt und haben inzwischen in der tunesischen Küche einen festen Platz. Sie werden aus Hartweizenmehl hergestellt, anschließend zwischen den Fingern gerollt und sorgfältig zerkleinert. Diese Präzisionsarbeit wird heute natürlich industriell durchgeführt. Nudeln sind in jedem Lebensmittelgeschäft in verschiedenen Größen und Formen erhältlich. Je kleiner sie sind, desto schneller werden sie gar.

Früher wurde dieses Lammgericht in Tunesien bei geringer Hitze auf der Glut des traditionellen Kohlenbeckens aus Ton (*kanoun* oder *brasero*) geschmort, das jeder Haushalt besaß. Statt Lammfleisch können Sie auch Kalb oder Hähnchen verwenden. Auf jeden Fall sollte das Fleisch jedoch in kleine Würfel geschnitten werden – so kann es der Sitte entsprechend gerecht aufgeteilt werden.

Wenn Sie einen schärferen Geschmack bevorzugen, können Sie die Harissamenge erhöhen, sollten allerdings nicht zu viel davon nehmen. Das Gemüse, das zu dieser *chorba* serviert wird, kann noch durch Kichererbsen ergänzt werden, die eine ganz eigene Konsistenz haben. Kochen Sie die Kichererbsen in der Fleischsauce und weichen Sie sie über Nacht ein, damit sie schneller gar sind. Um Zeit zu sparen, können Sie auch vorgekochte Kichererbsen aus der Dose verwenden.

Würzen Sie die *Lamm-Chorba* erst nach der Hälfte der Garzeit mit Quatre-Épices. Wenn die Gewürze von Anfang an mitgekocht werden, gerät das Gericht leicht zu scharf.

Das Fleisch in Würfel mit etwa 5 cm Seitenlänge schneiden und in 2 Esslöffeln Olivenöl zusammen mit der in Ringe geschnittenen Zwiebel, Harissa und Tomatenmark anbraten.

Wasser zugießen, bis das Fleisch bedeckt ist. Bei geringer Hitze 30 Minuten kochen. Nach 15 Minuten mit Salz, Pfeffer und einer Prise Quatre-Épices würzen.

Möhren und Kartoffeln schälen und in große Stücke schneiden. Nach der halbstündigen Garzeit zunächst die Möhren, dann die Kartoffeln und zum Schluss die Paprika in Streifen hinzufügen.

In einer Schale die Nudeln mit 3 Esslöffeln Olivenöl verrühren, bis alle mit Öl überzogen sind.

15 Minuten bevor das Fleisch gar ist, die Nudeln in einen Dämpfeinsatz oder in ein Sieb gießen und im Dampf über dem Topf mitgaren. Nach 10 Minuten etwas Wasser über die Nudeln träufeln.

Die Nudeln mit der Hand voneinander lösen und auf einer Servierplatte anrichten. Die Fleischsauce darüber gießen. Mit Alufolie abdecken, damit die Sauce die Nudeln durchtränken kann. Dann Fleisch und Gemüse auf den Nudeln anrichten und heiß servieren.

Couscous mit Hähnchen

Vorbereitungszeit: *50 Minuten*
Garzeit: *80 Minuten*
Einweichzeit: *12 Stunden*
Schwierigkeitsgrad: ★

Für 4 Personen

200 g	Zucchini
4	violette Artischocken
200 g	Kartoffeln
200 g	Möhren
200 g	Kürbis
1	Zwiebel
100 g	Kichererbsen
½	Hähnchen
	Salz
	Pfeffer
1 TL	Kümmel

1 TL	Paprikapulver (nach Belieben)
500 g	mittelgrober Grieß
150 ml	Olivenöl
50 g	Tomatenmark
1 Prise	Safranfäden
4	kleine grüne Paprika
1	rote Chilischote

Fleischklößchen:

550 g	Rinderhackfleisch
100 g	geriebener Gruyère
1 TL	getrocknete Minze
100 g	Petersilie
1	Zwiebel
2	Knoblauchzehen
2	Eier
1 TL	Kümmel
	Salz
	schwarzer Pfeffer
20 g	Mehl
	Öl zum Frittieren

Couscous mit Hähnchen und Fleischklößchen ist ein geselliges Festmahl, das in tunesischen Familien meist sonntags auf den Tisch kommt.

Bei den Tunesiern ist Grieß sehr beliebt. Sie verwenden bei der Zubereitung nur wenig Wasser, damit er die verschiedenen Aromen besser aufnimmt. In manchen Familien wird der Couscous großzügig mit Bouillon beträufelt und vor dem Servieren einige Minuten in den Backofen gestellt, damit er trocknet. Manche Köche aromatisieren den Grieß auch mit Nelken, schwarzem Pfeffer oder Zimtstangen.

Unser Küchenchef empfiehlt, das ganze Hähnchen mitsamt Knochen und Innereien mitzugaren. Bevor Sie das Gericht servieren, müssen Letztere natürlich entfernt werden.

Je nach Geschmack können die Fleischklößchen mit Rinder- oder Lammhackfleisch zubereitet werden. Sie verleihen dieser typisch tunesischen Spezialität ihre eigene köstliche Note.

Obwohl zu diesem Rezept viel Fleisch gehört, hat auch das Gemüse seinen Platz. Mohamed Boujelben rät, die Artischockenböden zuvor in Zitronensaft einzulegen, damit sie sich nicht verfärben. Die Paprika werden frittiert und zeitgleich mit den Fleischklößchen der Bouillon hinzugefügt.

In manchen Familien wird zum Hähnchen-Couscous ein Glas Molke gereicht. Sie können auch eine typisch orientalisch würzig-scharfe Sauce dazu servieren.

Die Zucchini waschen. Die Artischockenböden herausschneiden und das Heu mit einem Messer entfernen. Zucchini, Kartoffeln, Kürbis und Möhren schälen und in große Stücke schneiden. Die Zwiebel schälen. Die über Nacht eingeweichten Kichererbsen separat 40 Minuten kochen.

Das halbe Hähnchen entbeinen. Mit Salz, Pfeffer und je 1 Teelöffel Kümmel und Paprikapulver bestreichen. Den Grieß salzen, mit etwas Olivenöl und Wasser beträufeln, umrühren. 15 Minuten im Wasserdampf garen.

In 100 ml Olivenöl Zwiebelringe, Tomatenmark, Hähnchenfleisch und Safran anbraten. Etwas heißes Wasser zugießen. Wenn die Bouillon kocht, die Möhren hinzufügen. 10 Minuten später das übrige Gemüse außer den Kichererbsen zugeben. 20 Minuten kochen.

und Fleischklößchen

Grieß umrühren, weitere 15 Minuten im Wasserdampf garen. Für die Klößchen das Rinderhackfleisch, den geriebenen Gruyère, die getrocknete Minze, zerdrückte Knoblauchzehen, 1 Ei, Kümmel sowie Petersilie und Zwiebel – beide gehackt – verrühren. Alles salzen und pfeffern.

Aus der Fleischmasse auf der leicht bemehlten Arbeitsfläche kleine Bällchen formen. Das übrige Ei verquirlen. Die Fleischklößchen zuerst in etwas Mehl, dann in verquirltem Ei wälzen. In heißem Fett ausbacken. Paprika und Chilischote frittieren.

Fleischklößchen, gare Kichererbsen, Paprika und Chilischote der Bouillon hinzufügen. Etwa 5 Minuten kochen. Den Grieß auf einen Teller geben und mit Bouillon beträufeln. Gemüse, Hähnchenfleisch und Klößchen darauf verteilen.

Couscous mit

Vorbereitungszeit: *1 Stunde*
Einweichzeit für die Kichererbsen: *1 Nacht*
Garzeit: *1 Stunde*
Schwierigkeitsgrad: ★★★

Für 6 Personen

50 g	Kichererbsen
4	Kalmare à 150 g
50 g	Lammleber
50 g	Reis
50 g	Zwiebeln
50 g	glatte Petersilie
50 g	frischer Dill
4	Knoblauchzehen
1 Msp.	getrocknete Minze

30 g	Harissa (Gewürzmischung)
1	Ei
	Salz
	Pfeffer
30 g	gemahlene Kurkuma
300 g	frische Spinatblätter
100 ml	Olivenöl
2 oder 3	Gewürznelken
60 g	Tomatenmark
30 g	edelsüßes Paprikapulver
500 g	feiner Grieß
2	Kartoffeln
	Zitronensaft

Zum Garnieren:

4 oder 5	kleine grüne Paprika
	Pflanzenöl zum Frittieren

In jeder tunesischen Region gibt es viele verschiedene Couscoussorten. Dieser aus Hartweizen, unreifem Weizen oder gerösteter Gerste hergestellte Grieß wird in Wasserdampf gegart und mit den unterschiedlichsten Zutaten kombiniert. Feinschmecker in Monastir bereiten Couscous mit dort üblichem Fisch zu, während man auf dem Land eher Gemüse, Kaninchen, Ziegenfleisch oder *khadid* (getrocknetes Lammfleisch) dazu isst. *Couscous mesfouf* hingegen wird mit Honig, Datteln und Zimt serviert. Mohamed Boussabeh stellt Ihnen hier ein Couscousgericht von der Küste vor, dessen Besonderheit die Kalmare sind, welche mit Lammfleisch, Reis und Spinat gefüllt werden.

Diese Meeresweichtiere sind mit dem Tintenfisch verwandt und schmecken im Frühjahr beziehungsweise Sommer am besten. Die Fischer von Kerkenah, der Heimatinsel unseres Küchenchefs, nutzen eine ganz eigene Fangmethode. Für das Meer haben sie ererbte Fischerkonzessionen und besitzen eine konisch geformte Reuse aus Palmstängeln mit einer Art Trichter, durch den die Kalmare und Fische versuchen, zurückzuschwimmen. Wenn sie jedoch diese Engstelle erreicht haben, schließen sich die Stängel, sodass die Tiere gefangen sind.

Für die Farce der Kalmare muss der Reis halbgar sein. In den Kalmaren nimmt er deren Geschmack an und wird fertig gegart. Stechen Sie die gefüllten Kalmare mit einem Zahnstocher mehrfach ein, damit sie nicht aufplatzen. So kann außerdem die Sauce in das Innere gelangen.

Zum Befeuchten des Grießes gießen Sie ein wenig Wasser darüber, vermischen Sie alles mit den Fingern, und fahren Sie auf diese Weise fort, bis der Grieß durch leichten Druck in der Hand geformt werden kann.

Die Kichererbsen am Vorabend einweichen. Die gewaschenen Kalmararme vom Körper trennen, diesen beiseite legen. Kalmararme und Lammleber in Salzwasser blanchieren und würfeln. Den Reis halbgar kochen. Zwiebeln, Petersilie, Dill und Knoblauch schälen und hacken.

Alles auf ein Backblech geben. Die Hälfte von Knoblauch und Zwiebeln beiseite stellen. Reis, getrocknete Minze, Harissa, rohes Ei, Salz, Pfeffer, Kurkuma und klein geschnittenen Spinat zugeben. Alles mit den Fingern zu einer Farce verrühren.

Die Kalmarkörper mit der Reisfarce füllen und mit Zahnstochern verschließen. An mehreren Stellen mit einem Zahnstocher einstechen. Beiseite legen.

gefülltem Kalmar

Den Grieß in eine Schale geben. Etwas kaltes Wasser und Olivenöl hinzufügen und mit den befeuchteten Fingerspitzen vermengen. Anschließend Gewürznelken zugeben.

Die restlichen Zwiebeln und den restlichen Knoblauch goldbraun anbraten. Tomatenmark, Paprikapulver und Wasser hinzufügen und aufkochen. Kalmare und Kichererbsen in die Sauce geben und wieder aufkochen. Den Grieß im Wasserdampf 15 Minuten garen.

Den Grieß mit Zitronensaft beträufeln und die Kartoffeln in die Sauce legen. 15 Minuten kochen. Den gegarten Grieß in eine flache Schüssel füllen und mit Sauce übergießen. Abdecken und ruhen lassen. Mit gefüllten Kalmarringen und kleinen, frittierten Paprika garnieren.

Lamm-

Vorbereitungszeit: *20 Minuten*
Einweichzeit für die Kichererbsen: *12 Stunden*
Garzeit: *45 Minuten*
Schwierigkeitsgrad: ✭

Für 8–10 Personen

2	Zwiebeln
100 ml	Olivenöl
4	Knoblauchzehen
3	Tomaten

200 g	Tomatenmark
	Salz
1	Lammrücken mit Knochen
150 g	Kichererbsen
5 g	Harissa (Gewürzmischung)
500 g	Möhren
500 g	Kartoffeln
2	grüne Paprika
1 kg	feiner Grieß
	Pfeffer

Lamm-Couscous (*couscous bil meslene*) wird gewöhnlich mit einem ganzen Lammrücken serviert und ist ein typisches Gericht aus Silana. In dieser Region im Nordwesten Tunesiens leben bei den Beduinen noch uralte Traditionen fort. Bei Hochzeitsfeierlichkeiten ist der Lammrücken für die Gäste reserviert.

Bevor 1958 die Polygamie verboten wurde, nutzten die Frauen in Silana alle möglichen Listen, um die Gunst ihres einen Ehemannes zu gewinnen. Das Gericht *couscous bil meslene* wurde zum Streitpunkt dieser weiblichen Rivalitäten. Der Lammrücken wurde am Stück auf den Tisch gebracht und dann vor den Augen des Ehemannes zerteilt. Abwechselnd führten die Frauen dieses Ritual durch und verfeinerten dabei auch ihre Verführungskünste.

Für den Fall, dass Sie das Lamm zerschneiden möchten, empfiehlt unser Küchenchef, die Stücke anzubraten, bevor sie dem Gemüse beigefügt werden. Es ist bequemer, wenn der Lammrücken bereits zerteilt serviert wird. Chedly Azzaz rät, den Pfeffer durch Zimt zu ersetzen.

Der Erfolg dieses Rezepts hängt von der Zubereitung des Couscous ab. Sie benötigen ca. 300 ml heißes Wasser pro Kilogramm Grieß. Wenn Sie etwas Olivenöl hinzufügen, kleben die Körner nicht. Um zu prüfen, ob der Couscous gar ist, zerdrückt unser Küchenchef einzelne Körner zwischen den Fingern. Falls Sie eine Sorte verwenden, die nicht vorgekocht ist, müssen Sie den Grieß auf jeden Fall zunächst 20 Minuten im Dampf garen. Befeuchten und vermengen Sie den Couscous danach noch einmal und garen Sie ihn weitere 20 Minuten.

Die Zwiebeln schälen und in dünne Ringe schneiden. In 80 ml Olivenöl 3 Minuten anschwitzen, ohne dass sie braun werden. Den zerdrückten Knoblauch hinzufügen. Mit einem Holzlöffel umrühren.

Die Tomaten abziehen und die Samen entfernen. Tomaten in Würfel schneiden und mit dem Tomatenmark unter die Zwiebeln rühren. Salzen.

Den Lammrücken von Haut, Fett und Sehnen befreien. Am Stück in den Topf geben und die 12 Stunden eingeweichten Kichererbsen hinzufügen.

Couscous

Mit Harissa würzen. Kaltes Wasser zugießen, bis der Topfinhalt gut bedeckt ist, und 40 Minuten kochen. Nach drei Viertel der Kochzeit die halbierten und geschälten Möhren und Kartoffeln hinzufügen. 5 Minuten vor Ende der Garzeit die Paprika in Streifen zugeben.

Den Grieß auf ein Backblech geben. Mit 25 ml Olivenöl beträufeln und salzen. Mit der Hand vermischen und 300 ml heißes Wasser hinzufügen. Den Grieß quellen lassen.

Grieß zwischen den Handflächen kneten und in einen Dämpfeinsatz oder Sieb ohne Deckel über dem Topf 10 Minuten dämpfen. Die Sauce pfeffern. Den Grieß auf einer Platte anrichten, mit Sauce beträufeln und das Fleisch zerteilen.

Couscous mit

Vorbereitungszeit: 20 Minuten
Einweichzeit für die Kichererbsen: 12 Stunden
Garzeit: 50 Minuten
Schwierigkeitsgrad: ★

Für 4 Personen

250 ml	Olivenöl
1	Zwiebel
100 g	Tomatenmark
5 g	Harissa (Gewürzmischung)
5 g	Paprikapulver
200 g	geschälte Tomaten

200 g	Kartoffeln
100 g	Kichererbsen
500 g	feiner Grieß
300 g	Weißkohl
300 g	Zucchini
2	Frühlingszwiebeln
2	grüne Paprika
1	rote Paprika (nach Belieben)
500 g	Zackenbarsch
	Salz
	schwarzer Pfeffer
5 g	gemahlener Kreuzkümmel
25 g	gesalzene Butter

Couscous ist für die tunesische Küche besonders typisch. In manchen Familien kommt er mindestens einmal pro Woche auf den Tisch. Deshalb ist Kreativität gefragt, um den Grieß mit immer neuen Kombinationen zu servieren.

Diese Spezialität ist heutzutage weltweit bekannt. Je nach Region gibt es verschiedene Varianten. In Bizerte im Norden des Landes bereiten die Menschen das Gericht mit großen Fischen zu. In jener Gegend wird Couscous in der Regel zusammen mit Zackenbarsch gegessen. Dieser hat eine stattliche Größe und ist vor allem aufgrund seines weißen festen Fleisches und des leichten Geschmacks sehr beliebt.

Bei diesem Rezept ist die Garzeit für den Fisch relativ kurz, sodass die Sauce nicht genügend Aroma aufnehmen kann. Deshalb empfiehlt der Küchenchef, den Fischhändler um den ausgewaschenen Kopf des Tiers zu bitten. Legen Sie diesen zu Beginn des Kochvorgangs in den Topf. So können die übrigen Zutaten mehr Geschmack annehmen. Entfernen Sie den Kopf, bevor Sie das Gericht servieren.

Die Qualität des Couscous hängt von der Zubereitung des Grießes ab. Fethi Tounsi bevorzugt eine feine Sorte, die er mehrfach mit den Händen bearbeitet. In manchen tunesischen Familien wird die Bouillon aufgehoben, um daraus abends eine *chorba* (Nudelsuppe) zuzubereiten.

Zum Couscous werden zwar die unterschiedlichsten Gemüsesorten gereicht, aber meist sind Kichererbsen mit dabei. Vergessen Sie nicht, diese vor der Verarbeitung zwölf Stunden einzuweichen.

Wie unser Küchenchef können Sie zum Couscous mit Zackenbarsch als Appetitanreger kleine *kémia* reichen.

200 ml Olivenöl in einem großen Topf erhitzen. Darin in Ringe geschnittene Zwiebel, Tomatenmark, Harissa und Paprikapulver 10 Minuten anbraten.

Die geschälten Tomaten und Kartoffeln sowie die über Nacht eingeweichten Kichererbsen hinzufügen.

2 l Wasser zum Gemüse gießen und zum Kochen bringen.

Zackenbarsch

Den Grieß salzen und mit dem restlichen Olivenöl beträufeln. Mit den Händen durchkneten und Wasser hinzufügen. 5 Minuten ruhen lassen. Noch einmal kneten und in einen Dämpfeinsatz oder ein Sieb füllen. Im Dampf über dem Topf 25 Minuten mitgaren und beiseite stellen.

Das halbierte Stück Weißkohl sowie die in große Stücke geschnittenen Zucchini, Frühlingszwiebeln und Paprika hinzufügen. Den Fisch mit Salz, Pfeffer und Kreuzkümmel würzen und in die Sauce legen. 15 Minuten köcheln lassen.

Die gesalzene Butter zum Grieß geben und mit den Händen vermengen. Den Grieß auf einer Platte verteilen und die Sauce darüber gießen. Gemüse und Fisch darüber anrichten.

Fisch-Couscous

Vorbereitungszeit: *15 Minuten*
Garzeit: *1 Stunde*
Schwierigkeitsgrad: ★★

Für 4 Personen

2	Zwiebeln
7 EL	Olivenöl
5 g	Harissa (Gewürzmischung)
100 g	Tomatenmark
	Salz
	Pfeffer
4	grüne Peperoni
700 g	Ährenfisch (oder Weißfisch bzw. Stint)
500 g	mittelgrober Grieß
4	Kartoffeln
200 g	Kürbis

Der Fisch-Couscous aus Monastir ist das beliebteste Gericht der Region. Er wird mit den leckeren, kleinen, silbrigen Fischen namens *cherkaw* (Ährenfisch) zubereitet. Die Anwohner sind auf diese Fische sehr stolz und feiern ihnen zu Ehren sogar jedes Jahr ein spezielles Fest. Im Frühjahr sammeln sich ganze Schwärme dieser Tiere vor der Küste, sodass das Wasser durch die Mengen der silbernen *cherkaws* wie ein gigantischer Spiegel wirkt. Die Einheimischen sagen, dass diese Fische nur in der Gegend von Monastir gefangen werden.

Die kleinen Ährenfische ähneln dem französischen Stint, schmecken jedoch deutlich besser, enthalten mehr Jod und haben mehr Fleisch. Da in Europa keine *cherkaws* erhältlich sind, können Sie andere kleine Fische wählen, wie zum Beispiel Weißfische oder eben Stints. In der Regel köpft man die Tiere und entfernt eventuell auch den Schwanz. Es gibt allerdings auch Rezepte, bei denen die Einwohner Monastirs Kopf und Schwanz – knusprig frittiert – mitessen.

Der typisch tunesische Couscous wird oft zusammen mit einer würzigen Tomatensauce gereicht. Der ebenfalls für dieses Rezept benötigte Kürbis wächst in der Gegend von Monastir, steuert einen sehr angenehmen süßlichen Geschmack bei und mildert das scharfe Harissa. Wählen Sie einen Kürbis mit möglichst glattem Fleisch, dessen Samen noch feucht sind. Im Gemüsefach des Kühlschranks hält er sich mehrere Tage.

Mithilfe einer Lochstanze gelingt die Dekoration besonders gut. Stechen Sie ein rundes Stück Kürbis aus und setzen Sie es auf den Couscous. Wenn Ihnen Peperoni zu scharf sind, ersetzen Sie diese durch Paprika. Gemüse und Bouillon können Sie auch separat reichen, aber auf keinen Fall dürfen Sie ein Schälchen mit traditioneller Harissa vergessen!

Die Zwiebeln schälen, hacken und in 4 Esslöffeln Olivenöl leicht anbräunen. Die Hälfte der Harissa und das Tomatenmark hinzufügen, salzen und pfeffern. Ganze Peperoni und 1 l Wasser zugeben.

Die Fische mit Salz, Pfeffer und der restlichen Harissa würzen.

Den Couscous mit 150 ml Wasser und 3 Esslöffeln Olivenöl beträufeln. Verrühren. Die kleinen Fische in den Dämpfeinsatz oder ein Sieb füllen.

aus Monastir

Die Fische mit dem Couscous bedecken und den Dämpfeinsatz beziehungsweise das Sieb auf den Kochtopf setzen. Wenn der Wasserdampf aufsteigt, noch 30 Minuten garen.

Kartoffeln und Kürbis schälen. 4 gleich große Kürbisstücke zuschneiden und zusammen mit den Peperoni zur Bouillon geben.

Die Fische aus dem Couscous nehmen und die Grießkörner trennen. Den Couscous in einer flachen, großen Schale anrichten, mit Bouillon übergießen, Fische und Gemüse zum Garnieren verwenden. Heiß servieren. Die restliche Sauce sowie das Gemüse separat reichen.

Vegetarischer

Vorbereitungszeit: *25 Minuten*
Garzeit: *40 Minuten*
Schwierigkeitsgrad: ★

Für 4 Personen

2	Tomaten
4	Frühlingszwiebeln
100 ml	Olivenöl
2 EL	Tomatenmark
2	Knoblauchzehen
1 EL	Harissa (Gewürzmischung)

4	getrocknete, rote Chilischoten
200 g	mittelgrober Grieß
	Salz
1 EL	gemahlener Koriander
1 EL	gemahlener Kümmel
500 g	Fenchelkraut

Zum Garnieren:

1	Fenchelknolle (nach Belieben)

In Tunesien und Marokko sind Gerichte mit Couscous weit verbreitet. In jeder Familie gibt es besondere Rezepte, die jeweils an die Kinder weitergegeben werden. Wir stellen Ihnen hier eine Spezialität aus der Region Cap Bon vor. Das vegetarische Couscousgericht mit Fenchelkraut ist äußerst erfrischend.

Hier wird das gegarte Kraut der Fenchelknolle unter den Grieß gemischt. Dieser wird befeuchtet und 15 Minuten im Wasserdampf gegart. In allen tunesischen Familien ist Couscous aus Hartweizen sehr beliebt.

Fenchel heißt auf Arabisch *besbes* und wird in der Gegend von Nabeul angepflanzt. Für dieses Rezept benötigen Sie lediglich das Fenchelkraut. Im Zweifelsfall empfiehlt es sich, die Fenchelknollen mit Kraut beim Gemüsehändler zu bestellen. Notfalls können Sie als Ersatz auch frischen Dill verwenden.

Die sonstigen Gewürze und Kräuter, die zum Aromatisieren in das Gericht gehören, sind aber ebenso unersetzbar wie die Harissa. Diese scharfe Paste besteht aus gehackten, getrockneten roten Chilischoten, Salz, Knoblauch, Kümmel und Olivenöl.

Dieses interessante Couscousrezept ist rasch zubereitet. Die Spezialität der Landbevölkerung aus Nabeul wird nicht nur Vegetarier begeistern!

Für die Sauce die Tomaten in große Stücke schneiden, die Frühlingszwiebeln schälen und hacken. 100 ml Olivenöl erhitzen, Tomaten und Frühlingszwiebeln hinzufügen. Umrühren und Tomatenmark, zerdrückte Knoblauchzehen und Harissa zugeben. 5 Minuten anbraten.

Die roten Chilischoten 5 Minuten in Wasser einweichen, dann der Sauce hinzufügen. Den Grieß mit kaltem Wasser befeuchten.

Die Sauce mit Salz, Koriander und Kümmel würzen. Ein Glas Wasser zugießen. Bei geringer Hitze köcheln lassen, bis das Wasser komplett verdunstet ist. Die Chilischoten entfernen und zum Garnieren aufheben.

Couscous

Das Fenchelkraut waschen und fein hacken. Einen Topf mit Wasser zum Kochen bringen und das Fenchelkraut in einem Dämpfeinsatz oder Sieb 10–15 Minuten dämpfen.

Das Fenchelkraut mit dem Grieß bedecken und weitere 15 Minuten garen. Am Ende der Garzeit den Deckel abnehmen und ruhen lassen.

Grieß und Fenchelkraut in eine Schüssel füllen und mit zwei Holzlöffeln verrühren. Sauce darüber gießen und wieder umrühren. Auf einer Platte anrichten und mit den Chilischoten garnieren.

Makkaroni-

Vorbereitungszeit: *20 Minuten*
Garzeit: *30 Minuten*
Schwierigkeitsgrad: ✯

Für 4 Personen

150 g	Erbsen
	Salz
2	Eier
1	Hähnchen von 1 kg
50 ml	Olivenöl
	schwarzer Pfeffer

1 TL	Kümmel
1	Zwiebel
1	Knoblauchzehe
1 TL	Harissa (Gewürzmischung)
1 Prise	Safranfäden
300 g	Makkaroni
1	Tomate
25 g	Petersilie
50 g	geriebener Gruyère

Die Tunesier nennen dieses Makkaroni-Gratin *mjamra*. In der Gegend von Tunis sind Nudelgerichte besonders beliebt. Oft kommen sie sogar mehrmals in der Woche auf den Tisch.

Die exzellente tunesische Küche hat von verschiedenen mediterranen Einflüssen profitiert. Dieses Rezept ist eine Hommage an das nahe Italien. Nachdem die röhrenförmigen Nudeln in kochendem Wasser gegart worden sind, werden sie mit den übrigen Zutaten vermischt. In einer Auflaufform bestreut man sie dann mit geriebenem Gruyère und überbackt sie im Ofen. Dadurch bleibt das Innere weich und aromatisch.

Für dieses Gratin benötigen Sie Erbsen, die schon seit der Antike im Mittelmeerraum sehr geschätzt werden. Wählen Sie Erbsen, deren Schoten schön grün, unversehrt und fest sind. Im Kühlschrank halten sie sich zwei oder drei Tage, sollten jedoch trotzdem bald aufgebraucht werden.

Zum Aromatisieren würzt unser Küchenchef das Wasser mit Safran. Dieses gelbe Gewürz, das auf Arabisch *za'farân* heißt, ist unersetzbar. Sein besonderer Geschmack wird bei zahlreichen tunesischen Rezepten eingesetzt. Am oberen Ende des Safranfadens erkennt man den dunkelroten, weichen Stempel.

Mohamed Boujelben empfiehlt, zum Hähnchen etwas Zimt zuzugeben und die Knochen sowie Innereien in der Sauce mitzukochen.

Das Makkaroni-Gratin ist ein typisches, mühelos zubereitetes und gehaltvolles Familiengericht, das sowohl mittags als auch abends serviert wird.

Die Erbsen enthülsen und etwa 6 Minuten in Salzwasser blanchieren. Abtropfen lassen. Die Eier kochen, schälen und hacken. Beiseite stellen.

Das Hähnchen zerteilen und in 50 ml Olivenöl anbraten. Mit Salz, Pfeffer und Kümmel würzen.

Die gehackte Zwiebel, den zerdrückten Knoblauch und Harissa hinzufügen. ½ Glas Safranwasser zugießen und umrühren.

Gratin

Die Zutaten mit Wasser bedecken und ca. 15 Minuten abgedeckt kochen. Makkaroni in Salzwasser etwa 10 Minuten kochen, abtropfen lassen und beiseite stellen.

Hähnchenteile herausnehmen, Fleisch ablösen und in kleine Würfel schneiden. Diese wieder in den Topf zurückgeben.

Erbsen, gehackte Eier, Tomatenwürfel und gehackte Petersilie hinzufügen. In einer Schüssel alles mit den Nudeln verrühren. In eine Auflaufform füllen und mit geriebenem Gruyère bestreuen. Im Ofen 5–10 Minuten überbacken.

Couscous-

Vorbereitungszeit: *20 Minuten*
Garzeit: *40 Minuten*
Schwierigkeitsgrad: ★★

Für 4 Personen

100 ml	Olivenöl
4	Lammkoteletts
2	Hähnchenschenkel
2	Zackenbarschfilets
8	große Garnelen
3	Kalmare
1	Zwiebel
2	Knoblauchzehen

3	Tomaten
4	milde grüne Paprika
2 EL	Tomatenmark
	Salz
	Pfeffer
½ TL	gemahlener Zimt
½ TL	getrocknete Rosenknospen
200 g	mittelgrober Grieß
300 g	gekochte Muscheln

Zum Garnieren:
schwarze entsteinte Oliven (nach Belieben)

Für dieses Gericht hat Rafik Tlatli das schöne Wort »*couseïla*« erfunden: »*Ich habe die beiden Worte Couscous und Paella für dieses Rezept miteinander verbunden. Es besteht aus Grieß, Lammfleisch, Hähnchen, Fisch und Meeresfrüchten.*« Der große tunesische Küchenchef lebt in Nabeul und variiert mit viel Fantasie landestypische Spezialitäten. Darüber hinaus arbeitet er als Autor und ist auch für Fernsehen und Radio tätig.

Rafik Tlatli bevorzugt regionale Erzeugnisse und verwendet ausschließlich Zutaten aus Cap Bon – wie beispielsweise die getrockneten Rosenknospen, die typisch sind für die Stadt Nabeul.

An der fischreichen tunesischen Küste gibt es auch viele verschiedene Meeresfrüchte. Die rosafarbenen Garnelen sind für ihren außerordentlich feinen Geschmack bekannt und verleihen der Couscous-Paella ein köstliches Aroma.

Der Zackenbarsch ist ein Warmwasserfisch, der das ganze Jahr erhältlich ist. Sein weißes, festes Fleisch zerfällt beim Kochen nicht und hat einen milden Geschmack. Falls Sie ein kräftigeres Aroma wünschen, empfiehlt Ihnen unser Küchenchef, den Fisch vor dem Garen mit Zitronensaft und einem Löffel Kreuzkümmel zu würzen.

Verwenden Sie zum Garnieren vorgekochte Muscheln. Sollten Sie frische Muscheln wählen, ist beim Aussortieren Vorsicht geboten: Die Muscheln müssen richtig geschlossen und dürfen nicht ausgetrocknet sein. Werfen Sie Exemplare mit geöffneten oder beschädigten Schalen fort.

In dieser orientalischen Variante der Paella ersetzt der Couscous den traditionellen Reis. Befeuchten Sie den Couscous und garen Sie ihn etwa 15 Minuten im Wasserdampf. Rafik Tlatlis Couscous-Paella ist eine Eigenkreation, die auf den Tellern für Mittelmeerflair sorgt.

In einer großen, tiefen Pfanne die Lammkoteletts und die Hähnchenschenkel etwa 5 Minuten in 100 ml Olivenöl anbraten. Die Hähnchenschenkel in kleine Stücke schneiden. Das Fleisch beiseite stellen.

Dann in derselben Pfanne nacheinander jeweils 5 Minuten den gewürfelten Zackenbarsch, die Garnelen sowie die enthäuteten und in Streifen geschnittenen Kalmare anbraten. Beiseite stellen.

In derselben Pfanne die in Ringe geschnittene Zwiebel, die gehackten Knoblauchzehen, die gewürfelten Tomaten und die grünen, in Scheiben geschnittenen Paprika anbraten. Wenn das Gemüse weich ist, Tomatenmark hinzufügen. Bei geringer Hitze weitergaren.

Paella

Ein Glas Wasser zugießen und etwa 3 Minuten köcheln lassen. Fleisch, Fisch, Kalmare und Garnelen hinzufügen.

Mit Salz, Pfeffer, Zimt und Rosenknospen würzen. Einige Garnelen zum Garnieren beiseite stellen. Den Grieß mit kaltem Wasser befeuchten und im Wasserdampf 15 Minuten garen.

Den Grieß langsam einrühren. Die Muscheln erhitzen. Die Couscous-Paella auf einer Platte anrichten und mit den Garnelen, Muscheln und schwarzen Oliven garnieren.

Süßer Couscous

Vorbereitungszeit: *15 Minuten*
Garzeit: *45 Minuten*
Einweichzeit für den Couscous: *15 Minuten*
Schwierigkeitsgrad: ✭

Für 4 Personen

500 g	Couscous
1 EL	Olivenöl
100 g	Butter
4 EL	Zucker
1 EL	Geranienblütenwasser
100 g	Datteln
150 g	grüne und blaue Weintrauben

Sabri Kouki präsentiert hier ein süßes Couscousgericht. Der Begriff *masfouf*, der in Tunesien und Algerien häufig verwendet wird, steht für gezuckerten Couscous, der in Marokko wiederum unter der Bezeichnung *seffa* bekannt ist. Beide Worte gehen auf den allgemeinen Begriff für »Korn« zurück. Der süße Grieß ist ein eher trockenes Gericht, das jedoch viel Butter enthält. Es wird häufig während des Ramadan serviert oder vor dem Schlafengehen zu einem Glas Milch oder Tee genossen. In manchen Familien wird der Couscous auch in Milch getränkt und mit Trockenfrüchten angerichtet. In der Fastenzeit ist das Gericht beliebt, weil es sehr nahrhaft ist.

Die sonnengereiften tunesischen Datteln, die Sie für dieses Gericht verwenden können, werden auch *deglet nour* (»Lichtfinger«) genannt, da sie im reifen Zustand eine leicht bernsteinfarbene Transparenz erhalten. Diese Datteln haben die beste Qualität und sind im Handel oft unter der Bezeichnung »Deglet nour/Datteln aus Tunis« zu kaufen. Aber Sie können für dieses Rezept selbstverständlich auch andere Datteln verwenden.

Die Weintrauben, die unser Küchenchef ausgewählt hat, stammen aus der Gegend von Cap Bon. Sie sind besonders süß und können auch durch Granatäpfel ersetzt werden. Gerade beim tunesischen Bürgertum ist der auf diese Weise zubereitete Couscous sehr beliebt. Die roten Kerne des Granatapfels sehen sehr dekorativ aus, und das perlmuttartige Fruchtfleisch passt hervorragend zum Geranienblütenwasser. Dieses wird in Cap Bon hergestellt und dient zur Aromatisierung vieler verschiedener Gerichte.

Kaltes Wasser zum Couscous gießen, sodass er gerade bedeckt ist. Evtl. überschüssiges Wasser sofort entfernen. 15 Minuten ruhen lassen. In einem großen Topf Wasser erhitzen und den Couscous im Dämpfeinsatz aufsetzen.

Der Grieß ist gar, wenn die Oberfläche rissig wird. 1 Esslöffel Olivenöl hinzufügen und die Körner mit den Fingerspitzen voneinander trennen. Den Couscous zwischen den Händen rollen. Sämtliche Klümpchen entfernen.

Den Grieß 20 Minuten im Wasserdampf garen. Vom Herd nehmen und mit den Fingerspitzen ein wenig befeuchten, falls er zu trocken geworden ist.

mit Früchten

Wenn der Couscous gar und noch sehr heiß ist, Butter und Zucker hinzufügen. Mit dem Schneebesen verrühren, sodass sich keine Klümpchen bilden. Mit einigen Tropfen Geranienblütenwasser beträufeln.

Den Couscous in eine Napfkuchenform füllen und festdrücken.

Den Couscous aus der Form nehmen und mit halbierten Datteln belegen. In die Mitte grüne und blaue Weintrauben füllen und den Couscous warm servieren.

Grießnudeln mit

Vorbereitungszeit: *45 Minuten*
Einweichzeit für die Kichererbsen: *1 Nacht*
Garzeit: *35 Minuten*
Schwierigkeitsgrad: ★★

Für 4 Personen

100 g	Kichererbsen
1	Hähnchen
	Salz
	Pfeffer

	Olivenöl
150 g	Zwiebeln
25 g	Tomatenmark
100 g	feine Erbsen
450 g	Grießnudeln
5 g	gesalzene Butter
	gemahlener Zimt
	Rosenpulver

Zum Garnieren:

4	grüne Paprika
	Öl zum Frittieren

Der Geschmack der sehr dünnen, im Wasserdampf gegarten Grießnudeln wird durch Zimt und Rosenpulver betont und passt hervorragend zu Hähnchen, Zwiebelsauce, Erbsen und Kichererbsen. Ali Matri stellt Ihnen hier ein typisches Gericht der tunesischen Küche vor. Manchmal wird es auch mit Lammfleisch zubereitet.

Die *noicer* genannten Grießnudeln bestehen zu drei Vierteln aus Grieß und zu einem Viertel aus Mehl. Zunächst hat unser Küchenchef einen Nudelteig (*rechta*) zubereitet. Zum besonders dünnen Ausrollen wird ein sehr langes Nudelholz benötigt. Ali Matri hat den Teig zunächst in schmale Streifen, dann in kleine Quadrate geschnitten, die über Nacht auf einem Gitter trocknen. In Tunesien werden die Grießnudeln noch von Hand angefertigt. Sie können diese auch durch dünne Lasagneplatten ersetzen, die Sie in Quadrate teilen.

Die Grießnudeln werden im Wasserdampf und niemals direkt im kochenden Wasser gegart. Im Gegensatz zum Couscous müssen sie nur ein einziges Mal gedämpft werden. Auf einer Platte angerichtet, beträufelt man sie mit Fleischsaft und lässt sie dann bei geringer Hitze zugedeckt weiter garen. Die Grießnudeln sind fertig, wenn sie die Sauce vollständig aufgenommen haben.

Ali Matri brät das Hähnchen in wenig Olivenöl an und beträufelt auch die garen Nudeln mit etwas Olivenöl, damit sie während des Dämpfens nicht aneinander kleben.

Zum Würzen verwendet der Küchenchef die gleichen Gewürze und dieselbe Dosierung wie beim Couscous: ⅔ Zimt und ⅓ Rosenpulver. Sobald er diese Gewürze gekauft hat, stellt Ali Matri die köstliche Mischung her, die er für zahlreiche verschiedene Rezepte verwendet.

Die Kichererbsen über Nacht einweichen. Das Hähnchen ausnehmen und waschen. Die Schenkel abtrennen und das restliche Hähnchen so zerteilen, dass insgesamt 8 Stücke entstehen. Mit Salz und Pfeffer würzen.

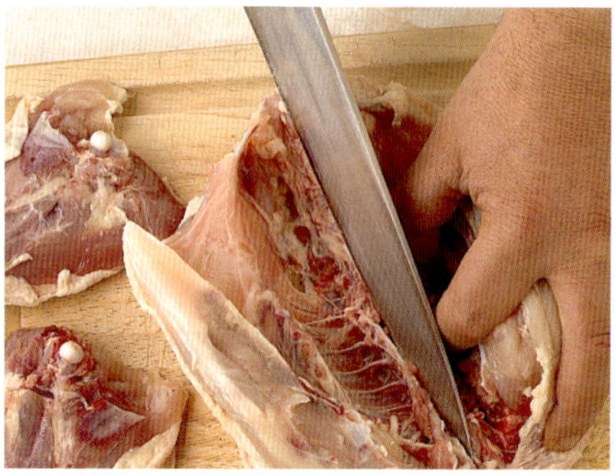

In einem großen Topf die gewürzten Hähnchenteile in Olivenöl anbraten. Die Zwiebeln schälen und fein hacken.

Gehackte Zwiebeln über die Hähnchenteile streuen. Tomatenmark und ein halbes Glas Wasser hinzufügen. Einige Minuten köcheln lassen, dann Wasser zugießen, bis das Hähnchen bedeckt ist. Abgetropfte Kichererbsen und Erbsen hinzufügen. Alles 10 Minuten kochen.

Hähnchen und Erbsen

Die Grießnudeln in eine Schüssel geben und mit Olivenöl beträufeln. Mit den Fingerspitzen das Öl gut verteilen.

Wenn das Hähnchen 10 Minuten gegart wurde, einen Dämpfeinsatz auf den Topf setzen und einen Teil Nudeln hineinfüllen. Zum Kochen bringen. Wenn der Dampf aufsteigt, die restlichen Nudeln zugeben. Hähnchen und Nudeln 15 Minuten garen, dann die Nudeln in eine Schüssel geben.

Grießnudeln mit Butter, Zimt und Rosenpulver verrühren. Einen Schöpflöffel Bouillon darüber gießen und abdecken. Nudeln köcheln lassen, bis sie die Sauce vollständig aufgenommen haben. Mit frittierten Paprika garnieren und mit Hähnchen und Sauce servieren.

Grießnudeltopf

Vorbereitungszeit:	*2 Stunden 30 Minuten*
Trockenzeit für die Nudeln:	*12 Stunden*
Einweichzeit für die Kichererbsen:	*12 Stunden*
Garzeit:	*1 Stunde*
Schwierigkeitsgrad:	⁎⁎

Für 4 Personen

600 g	Lammschulter
	Salz
	Pfeffer
1	getrocknete, rote Chilischote

200 ml	Olivenöl
2	Zwiebeln
1 EL	Harissa (Gewürzmischung)
1 TL	Paprikapulver
2 EL	Tomatenmark
100 g	Kichererbsen
25 g	gesalzene Butter

Grießnudeln:

500 g	feiner Grieß
1 TL	Hefe
	Salz
	etwas Olivenöl

Für dieses Rezept verwenden die Tunesier *tlitlou* – kleine Nudeln aus Grieß, Hefe, Salz, Olivenöl und Wasser. Die Spezialität aus Bizerte wird vor allem anlässlich des moslemischen Festes Aïd el Kébir zubereitet.

Am Vorabend beginnen die Frauen mit dem Kochen und stellen die reiskorngroßen Nudeln her. Diese trocknen anschließend über Nacht auf Gittern und werden am nächsten Tag zu diesem traditionellen Gericht verarbeitet. Wenn Ihnen die Zeit fehlt, können Sie die *tlitlou* auch durch Grießnudeln, Reisnudeln oder kleine Makkaroni ersetzen.

Im Mittelpunkt des Festmahls steht das Lammfleisch. Es ist zart und sehr aromatisch. Sie können wie unser Küchenchef Lammschulter oder Fleisch vom Hals wählen.

Nach tunesischer Küchentradition wird auch Harissa verwendet – die berühmte Gewürzpaste aus getrockneten und gehackten Chilischoten, Salz, Knoblauch, Kümmel und Olivenöl. Außerdem greift der Küchenchef zu Paprikapulver, das oft zum Aromatisieren von Ragouts, Saucen und Suppen eingesetzt wird.

Zu den Nudeln werden Kichererbsen gereicht, die in Tunesien sehr beliebt sind. Die runden Hülsenfrüchte stammen aus dem Mittelmeerraum und haben eine beige Färbung. Sie werden auf dieselbe Weise zubereitet wie andere Hülsenfrüchte auch und haben den Vorteil, dass sie beim Kochen nicht zerfallen. Vergessen Sie nicht, die Kichererbsen vor der Verwendung mindestens zwölf Stunden einzuweichen.

Dieses Rezept haben die Mauren mitgebracht, als sie sich Ende des 15. Jahrhunderts in der Gegend von Bizerte niederließen. Das traditionelle Lammgericht kommt zwar häufig auf den Tisch, doch die *tlitlou* entstehen heute nur noch selten in Handarbeit.

Am Vorabend die Nudeln zubereiten: In einer großen Schüssel den Grieß mit Hefe, einer Prise Salz und 500 ml warmem Wasser mit den Händen vermengen. Den Teig 15–30 Minuten ruhen lassen.

Kleine Kugeln in den Handflächen zu Schlangen formen und mit dem Daumennagel so abknipsen, dass die einzelnen Stücke etwa die Größe und Form von Reiskörnern erhalten. Die Nudeln auf einem Gitter 12 Stunden trocknen lassen und mit etwas Olivenöl beträufeln.

Die Lammschulter in Stücke schneiden und salzen und pfeffern. Die Chilischote 5 Minuten in Wasser einweichen.

mit Lamm

In einem großen Topf 200 ml Olivenöl erhitzen. Eine in Ringe geschnittene Zwiebel und die Lammteile hinzufügen.

Harissa, Chili, Paprikapulver, Tomatenmark und über Nacht eingeweichte Kichererbsen hinzufügen. 1½ l heißes Wasser zugießen und salzen. Die Nudeln in einen Dämpfeinsatz füllen und 50 Minuten dämpfen. Nach der Hälfte der Garzeit die andere geschälte Zwiebel im Ganzen hinzufügen.

Die Nudeln auf einen Teller geben und mit der gesalzenen Butter vermengen. Mit Bratensauce übergießen und im Ofen 5 Minuten bei 180 °C backen. Das Fleisch darauf verteilen. Die ganze Zwiebel in Ringe schneiden und ebenso wie die Chilischote und die Kichererbsen hinzufügen.

Fisch & Meeresfrüchte

Meeräsche

Vorbereitungszeit: *25 Minuten*
Garzeit: *25 Minuten*
Schwierigkeitsgrad: ★

Für 4 Personen

1	Meeräsche (1 kg)
150 ml	Olivenöl
	Salz
	Pfeffer
1 TL	Kreuzkümmel
1 TL	Kurkuma

1	Zwiebel
750 g	Kartoffeln
2	Tomaten
2	milde grüne Paprika
2 g	Safranfäden
25 g	gesalzene Butter
1	Zitrone

Zum Garnieren:

Petersilie (nach Belieben)

Der alte Hafen in Bizerte mit seinen Straßencafés ist ein sehr beliebter Ort, an dem die Menschen gerne beim Pfefferminztee sitzen und die farbenfrohen Schiffe beobachten, auf denen die Fischer ihre Netze vorbereiten. Einer der beliebtesten Fische in dieser nordtunesischen Stadt ist zweifellos die Meeräsche. Sie wird dort *bouri* genannt und hat festes Fleisch mit einem starken Jodgeschmack. Wählen Sie beim Fischhändler ein besonders festes Exemplar mit glänzenden Schuppen und Augen. Im Zweifelsfall können Sie den Fisch auch durch Rotbrasse ersetzen.

Dieses Gericht wird auf typisch mediterrane Art zubereitet. Die Meeräsche kommt zusammen mit den Kartoffeln, Tomaten, Zitronenscheiben und einer Zwiebel in den Backofen.

Unser Küchenchef ist der Meinung, dass die Würzung viel zum Gelingen dieses Rezeptes beiträgt: »*In Tunesien gibt es ein Sprichwort, demzufolge man Fisch niemals ohne Kreuzkümmel zubereiten darf. Der kamoun, wie wir ihn nennen, ist unvergleichlich. Dieses Wort wird auch in vielen Liedern verwendet, denn es steht ebenfalls für den Charme einer Person!*«

Kreuzkümmel ist ein aromatisches Gewürz, das aus Turkestan stammt und in der gesamten mediterranen Küche weit verbreitet ist. Er hat einen würzigen, leicht bitteren Geschmack.

Safran verwendet man vor allem bei der Zubereitung von Fischgerichten. In diesem Fall wird er ins Wasser gerührt. Kurkuma ist vor allem wegen ihrer intensiven gelben Farbe in Tunesien sehr beliebt.

Wir empfehlen, die Meeräsche vor dem Servieren mit ein wenig Petersilie zu bestreuen.

Den Fisch abschuppen, ausnehmen und in Stücke schneiden.

150 ml Olivenöl in eine Schüssel geben. Die Fischteile mit Salz, Pfeffer, Kreuzkümmel und Kurkuma würzen und zusammen mit der in Ringe geschnittenen Zwiebel in die Schüssel legen.

Die Kartoffeln schälen. Die eine Hälfte in Scheiben schneiden, die andere am Stück lassen. Tomaten waschen und vierteln.

tunesisch

Die Fischteile auf ein Backblech legen.

Kartoffeln, Tomaten und milde Paprika hinzufügen.

Safranfäden in ein Schälchen Wasser einrühren. Die Mischung über dem Fisch auf dem Backblech verteilen. Flocken der gesalzenen Butter und Zitronenscheiben hinzufügen. Im Backofen bei 180 °C ca. 25 Minuten backen. Fisch und Gemüse auf einer Servierplatte anrichten.

Gefüllter Kalmar

Vorbereitungszeit: *30 Minuten*
Garzeit: *30 Minuten*
Schwierigkeitsgrad: ☆☆

Für 4 Personen

800 g	Kalmar
½ Bund	Petersilie
	Salz
	Pfeffer
100 g	Spinat
3	Eier

100 g	Reis
1	große Zwiebel
4 EL	Olivenöl
100 g	Tomatenmark
25 g	Harissa (Gewürzmischung)
4 TL	Paprikapulver
1 TL	gemahlene Fenchelsamen

Gefüllter Kalmar wird das ganze Jahr über an den Küsten von Monastir, Sfax und Gabès angeboten. Allerdings kommt er in Tunesien ausschließlich an hohen Festtagen auf den Tisch.

Zu Unrecht wird oft behauptet, dass die Konsistenz von Kalmarfleisch zu zäh sei – das ist nur dann der Fall, wenn die Kalmare zu lange oder zu kurz gekocht wurden.

Für unser Rezept benötigen Sie mittelgroße Exemplare, die leicht zu füllen sind. Gemäß den Aussagen eines tunesischen Fischers sind die weiblichen Tiere zarter. Um sie zu unterscheiden, muss man nur das Ende des Körpers genauer ansehen: Bei den Weibchen ist es runder als bei den Männchen, die eine charakteristische Spitze haben. Wenn Sie kleine Kalmare mit einer dünnen Fleischschicht wählen, sollten Sie zum Füllen einen Teelöffel verwenden.

Für die Füllung benötigen Sie Spinat, den Sie auch durch Mangold ersetzen können. Wählen Sie kräftige grüne, junge Blätter ohne Flecken. Waschen Sie den Spinat gut ab und heben Sie ihn nicht zu lange im Kühlschrank auf. Spinat muss bald verzehrt werden, da er sonst welkt und seine Nährstoffe verliert.

Ein Pilaw eignet sich hervorragend als Beilage. Braten Sie dazu eine gehackte Zwiebel in Olivenöl an und fügen Sie eine Tasse Reis hinzu. Sobald die Reiskörner glasig werden, 2 Tassen Wasser zugießen. Den Reis sehr heiß servieren. Wir empfehlen, ihn mit Tomatensauce zu übergießen.

Die erste Hautschicht der Kalmare abziehen. Die Arme in kleine Stücke schneiden, salzen und pfeffern. Den Körper unversehrt lassen und auswaschen. Petersilie hacken.

Spinat entstielen, waschen und blanchieren. Abkühlen und abtropfen lassen, dann hacken. 1 Ei hart kochen, abkühlen lassen, schälen und hacken. Mit Spinat und Kalmararmen verrühren.

2 Eier verquirlen und zusammen mit dem ungekochten Reis und der gehackten Petersilie unter die Spinat-Kalmar-Masse mischen. Die Kalmarkörper damit füllen und die Masse festdrücken.

Für die Tomatensauce eine Zwiebel schälen, hacken und in Olivenöl andünsten. Tomatenmark und Harissa hinzufügen und mit Salz und Pfeffer abschmecken. 1 l Wasser zugießen.

Die Kalmarkörper zunähen. Mit der Gabel einstechen, damit die Füllung gleichmäßig gart.

Die Kalmare mit der Tomatensauce bedecken und darin kochen. Bei geringer Hitze zugedeckt 25 Minuten garen. 15 Minuten vor Ende der Garzeit mit Paprikapulver und gemahlenen Fenchelsamen würzen. Heiß servieren.

Gefüllte Goldbrasse

Vorbereitungszeit: *30 Minuten*
Garzeit: *20 Minuten*
Schwierigkeitsgrad: ★

Für 4 Personen

4	Goldbrassen
400 g	Kartoffeln
	Safranfäden
50 g	Kalbsleber
	Olivenöl
	Salz
	Pfeffer
50 g	Zwiebeln
50 g	glatte Petersilie
1	Zitrone

In Tunesien bleibt die mit Kalbsleber gefüllte Goldbrasse besonderen Anlässen und hohen Gästen vorbehalten. Die Einwohner von Tunis essen wenig Fisch – mit Ausnahme der Meeräsche, die in den nahe gelegenen stehenden Gewässern sehr zahlreich vorkommt. Die Goldbrasse und der Steinbeißer werden meist gefüllt. Ali Matri bereitet sie oft mit einer Füllung aus verschiedenen Muscheln oder mit Fenchel, Zitrone und geschmolzener Butter zu.

Bei Tunesiern ist der Wanderfisch Goldbrasse sehr beliebt und wird überall entlang der 1300 Kilometer langen Küste gefangen. In Sfax und auf den Kerkenna-Inseln kommt sie am häufigsten auf den Tisch. Mittelgroße Exemplare werden gefüllt, während die großen Tiere (bis 5 kg) in Steaks geteilt und mit Couscous serviert werden.

Wenn ein tunesischer Koch eine Goldbrasse aufschneidet, setzt er am Rücken einen einzelnen Schnitt an. Bei einem Schnitt am Bauch würden die feinen Gräten stören, sodass man sie kaum entfernen könnte, ohne das Fleisch zu beschädigen. Wenn man die Mittelgräte am Schwanz beginnend entfernt, entsteht das Hauptproblem am Kopf. Sie müssen sehr fest ziehen, um die Gräte vom Kopf abzutrennen oder sie mit einer Schere durchzuschneiden.

Verwenden Sie Safran sparsam, denn er hat einen kräftigen Geschmack und könnte das feine Aroma des Fischs überdecken. In der tunesischen Küche entscheidet nicht die Fischart, sondern die Zubereitungsmethode darüber, ob Safran verwendet wird oder nicht. Bei frittiertem Fisch wird beispielsweise kein Safran beigefügt.

Die Fische entlang des Rückgrats aufschneiden, vom Kopf bis zum Schwanz. Aufklappen und mit der Messerspitze auf jeder Seite der Gräte entlangfahren, um diese vom Fleisch zu lösen. Die Mittelgräte herausziehen, am Kopf abschneiden und entfernen.

Die Kartoffeln schälen und in Scheiben schneiden. Mit Safranfäden bestreuen und beiseite stellen. Die Kalbsleber fein würfeln.

In einer Pfanne etwas Olivenöl erhitzen, die Kalbsleberwürfel ins heiße Fett geben und unter Rühren anbraten, bis sie von allen Seiten gebräunt sind.

Fische aufklappen und innen mit Salz, Pfeffer und Safranfäden würzen.

Zwiebeln schälen und ebenso wie die Petersilie hacken. Das Innere der Goldbrassen mit Zwiebeln, Petersilie und Kalbsleberwürfeln füllen. Die Fische wieder zuklappen.

Die gefüllten Goldbrassen auf ein Backblech legen. Die Kartoffelscheiben zwischen den Fischen verteilen. Mit etwas Wasser und Olivenöl beträufeln. 10–15 Minuten bei 180 °C backen. Mit Zitronenscheiben servieren.

Wolfsbarsch mit Oliven

Vorbereitungszeit: *30 Minuten*
Garzeit: *30 Minuten*
Schwierigkeitsgrad: ✯

Für 4 Personen

4	Wolfsbarschfilets à 200 g
4	Tomaten
1	Knoblauchzehe
1	Zwiebel
100 ml	Olivenöl
	Salz

1	sauer eingelegte Zitrone
150 g	grüne entsteinte Oliven
½ Bund	Petersilie
	Pfeffer
1 TL	Harissa (Gewürzmischung)
½ TL	Kurkuma

Zum Garnieren:

2 Zweige	frische Minze
4 Zweige	Petersilie

Wolfsbarsch mit Oliven und eingelegter Zitrone ist ein typisch mediterranes Gericht. Das Rezept unseres Küchenchefs stammt von der fischreichen tunesischen Küste.

Schon seit der Römerzeit ist der auch als Seebarsch bekannte Fisch wegen seines feinen, festen, sehr mageren und wohlschmeckenden Fleischs äußerst beliebt. Die Tunesier züchten ihn in Meerwasserbecken und exportieren jährlich etwa 500 Tonnen nach Italien, Frankreich und Spanien.

Für dieses Rezept benötigen Sie eine sauer eingelegte Zitrone. Das saure, saftige Fruchtfleisch ist für seinen hohen Gehalt an Vitamin C bekannt und wird von einer gelben, duftenden Schale geschützt. Wenn Sie selbst eine Zitrone einlegen möchten, müssen Sie die Frucht gut waschen und oben kreuzweise einschneiden. Legen Sie die Zitrone dann etwa zwei Monate in einer Mischung aus Wasser, Salz und Essig ein. Sie benötigen 100 ml Essig pro 1 Liter Wasser. Für die Dosierung des Salzes empfiehlt unser Küchenchef die traditionelle Methode der Dorfbewohner: Waschen Sie ein Ei und legen Sie es vorsichtig in eine Schüssel mit 1 Liter Wasser. Fügen Sie dann so viel Salz hinzu, bis das Ei nach oben steigt und die Schale die Wasseroberfläche erreicht. So erhalten Sie genau die richtige Dosierung!

Auf dieselbe Weise können Sie auch grüne Oliven einlegen. Unser Küchenchef empfiehlt, sie vorher zu blanchieren, damit sie nicht zu bitter oder salzig schmecken. Sie können sie zum Einlegen auch in Scheiben schneiden.

Wolfsbarsch mit Oliven und eingelegter Zitrone kann das ganze Jahr über serviert werden und zaubert die Sonne Tunesiens auf Ihren Teller.

Mit einem Messer das Fischfilet in einzelne Scheiben teilen.

Tomaten abziehen, Samen entfernen und Tomaten in kleine Würfel schneiden. Die gehackte Zwiebel in 20 ml Olivenöl anbraten. Tomaten und gehackten Knoblauch zugeben. Alles salzen und 10 Minuten anbraten.

Die eingelegte Zitrone in dünne Streifen schneiden und wässern, um den Geschmack von Salz und Essig zu mildern.

und eingelegter Zitrone

Oliven 10 Minuten in kochendem Wasser blanchieren. Abtropfen lassen und kalt stellen.

Die Zitronenstreifen, Oliven und gehackte Petersilie der Tomatenmasse zugeben und vorsichtig umrühren. 2 Minuten bei geringer Hitze köcheln lassen.

Die Fischfilets salzen und pfeffern. Mit Harissa, Kurkuma und 30 ml Olivenöl bestreichen. 4 Minuten von jeder Seite braten. Zusammen mit Tomatensauce und Oliven auf Tellern anrichten. Mit Minzeblättern und gehackter Petersilie bestreuen.

Siedefisch

Vorbereitungszeit: *40 Minuten*
Garzeit: *35 Minuten*
Schwierigkeitsgrad: ✭

Für 4 Personen

200 g	Tomaten
2	Zwiebeln
100 ml	Olivenöl
2	Knoblauchzehen
	Salz
	Pfeffer

1 Prise	Safranfäden
1	Zackenbarsch à 1 kg
1 TL	Kreuzkümmel
2	grüne Paprika
2	rote Paprika
1	eingelegte Zitrone
5 g	Kapern
25 g	schwarze entsteinte Oliven
25 g	grüne entsteinte Oliven

In Tunesien heißt dieses Gericht *kabkabou*. Eigentlich bedeutet das »sieden«; der Name bezeichnet also die Kochmethode, mit der der Fisch zubereitet wird.

Früher wurde Siedefisch nur bei wohlhabenden Familien in Tunis zubereitet. Heute ist er jedoch eine beliebte Speise, die überall zu verschiedenen Anlässen auf den Tisch kommt.

Der mittelgroße bis große Zackenbarsch ist wegen seines weißen, festen Fleischs und des milden Aromas sehr beliebt und zudem in Tunesien sehr preiswert. Sie können den Zackenbarsch auch durch Meeräsche ersetzen, die in Tunesien *bouri* genannt wird.

Für die landestypische Küche sind Harissa und Paprika ebenso wichtig wie die Tomate. Dieses einjährige Nachtschattengewächs wurde von den Spaniern aus der Neuen Welt mitgebracht und von den Mauren im Maghreb eingeführt.

Die tunesischen Tomaten sind für ihr sehr süßes Aroma bekannt und schmecken köstlich. Wählen Sie im Sommer reife, feste Früchte von einheitlicher Farbe. Wenn der Stiel noch vorhanden ist, können Sie daran überprüfen, wie frisch die Tomaten sind.

Die gut gewürzte Tomatensauce passt hervorragend zum Aroma des Fischs. Unser Küchenchef empfiehlt, die eingelegte Zitrone, die Oliven und die Kapern separat zu blanchieren, um einen Salzüberschuss zu vermeiden. Kapern gehören ebenfalls als typische Zutat in viele mediterrane Gerichte. Je kleiner sie sind, desto kräftiger ist ihr Geschmack.

Tomaten abziehen, Samen entfernen und die Tomaten zu Püree verkochen. Zwiebeln schälen, hacken und in 100 ml Olivenöl anbraten.

Die zerdrückten Knoblauchzehen und das Tomatenpüree hinzufügen. Salzen, pfeffern und etwa 10 Minuten köcheln lassen. Ein halbes Glas Wasser mit Safranfäden zugießen und umrühren.

Zackenbarsch in Stücke schneiden und mit Kreuzkümmel, Salz und Pfeffer würzen.

Die Fischstücke in die Sauce legen und etwa 10 Minuten sieden lassen.

Paprika waschen und die Samen entfernen. Paprika in Stücke schneiden und der Sauce hinzufügen. Ca. 5 Minuten kochen.

Die eingelegte Zitrone schälen und die Schale in dünne Streifen schneiden. Zusammen mit den Kapern und Oliven hinzufügen. Alles auf einer Servierplatte anrichten.

Fisch-

Vorbereitungszeit: *25 Minuten*
Garzeit: *35 Minuten*
Schwierigkeitsgrad: ★

Für 6 Personen

1	Kartoffel
500 g	Wittlingfilet
1	Zwiebel
500 ml	Olivenöl
½ Bund	Petersilie
50 g	gemahlener Kreuzkümmel
50 g	gemahlene Kurkuma
	Salz
	Pfeffer

1	Zitrone
2	Eier
50 g	Paniermehl
150 g	Mehl

Tomatensauce:

50 ml	Olivenöl
1	Zwiebel
4	Knoblauchzehen
100 g	Tomatenmark
30 g	Paprikapulver
	Salz
	Pfeffer
4 oder 5 Zweige	Petersilie
30 g	Kreuzkümmel

Wie überall auf der Welt mögen auch tunesische Kinder Fisch mit Gräten nicht. Deshalb bereiten die Mütter aus entgräteten Fischstücken, Kartoffeln und Eiern kleine flach gedrückte Klößchen, die sie frittieren. In dieser Form als goldbraune *kefta* mögen auch Kinder Fisch. Meist werden die Fischfrikadellen mit Kreuzkümmel gewürzt. Wenn die Tunesier Gäste empfangen, servieren sie häufig *kefta*.

Für unser Rezept hat Mohamed Boussabeh Wittlingfilet ausgesucht. Sie können jedoch auch anderen Fisch wählen, wie zum Beispiel große Sardinen.

Wenn man den Fisch im Dampf gart, gerät er relativ trocken. Zusammen mit den übrigen Zutaten lässt er sich dann leicht zu Frikadellen formen. Falls Sie den Fisch pochieren, sollten Sie ihn gut abtropfen lassen, bevor Sie ihn unter die anderen Zutaten mischen. Achten Sie darauf, alle Gräten zu entfernen – auch die kleinen – und schneiden Sie das Fleisch in möglichst kleine Stücke. Dadurch erhalten die Klößchen einen besonders feinen Geschmack.

Kreuzkümmel und Kurkuma betonen das köstliche Aroma der Fischfrikadellen. Nach der Ernte werden die Samen von Kreuzkümmel, Koriander, Kümmel und Fenchel in der Sonne getrocknet. Dann zerdrücken die Tunesier immer nur die Menge, die sie zum Kochen für eine Woche benötigen, damit die Gewürze nichts von ihrem intensiven Geschmack einbüßen. Wird der Kreuzkümmel zu früh gemahlen, verliert er einen Teil seines flüchtigen Aromas und macht die *kefta* bitter. Kurkuma kommt ursprünglich aus Indien und China und wird aus getrockneten Wurzeln gewonnen. Häufig dient sie als Ersatz für den teuren Safran, da sie ebenfalls eine intensive gelbe Farbe hat.

Die Kartoffel schälen, vierteln und kochen. Die Wittlingfilets 3 Minuten bei geringer Hitze pochieren oder dämpfen.

Die Zwiebel schälen, fein würfeln und mit etwas Öl in einer Pfanne goldbraun anbraten. Gehackte Petersilie darüber streuen, vom Herd nehmen und verrühren.

Fisch entgräten und in Stücke schneiden. In einer Schüssel mit den Zwiebeln, Petersilie, Kreuzkümmel, Kurkuma, Salz, Pfeffer und etwas Zitrone verrühren. Kartoffelstücke unterheben. Die Eier in die Mitte schlagen und alles mit der Gabel verrühren. Mit Paniermehl andicken.

Kefta

Mit den Händen aus der Masse kleine Kugeln formen und flach drücken.

Für die Sauce die gehackte Zwiebel und den zerdrückten Knoblauch in Öl anbraten. Mit Wasser angerührtes Tomatenmark, Paprikapulver, Salz, Pfeffer und etwas Wasser hinzufügen. 10 Minuten köcheln lassen. Anschließend gehackte Petersilie und Kreuzkümmel zugeben.

Zum Frittieren Öl in einem Topf erhitzen. Die Frikadellen mit Mehl bestäuben und goldbraun ausbacken. Mit einem Schaumlöffel herausheben und auf Küchenpapier abtropfen lassen. In die Mitte der Teller etwas Sauce gießen, die kefta verteilen und mit Petersilie garnieren.

Wolfsbarsch mit

Vorbereitungszeit: *30 Minuten*
Garzeit: *1 Stunde 20 Minuten*
Schwierigkeitsgrad: ★★

Für 4 Personen

Gefüllter Fisch:

300 g	Reis
400 g	geschälte Garnelen
200 g	Rosinen
2	Zwiebeln
500 g	Petersilie
50 ml	Olivenöl
	Salz und Pfeffer

1 Prise	gemahlener Kreuzkümmel
2 g	Safranfäden
150 g	geschälte Mandeln
30 g	Knoblauch
4	Wolfsbarsche à 400 g

Sud:

50 ml	Olivenöl
1	Möhre
1	Zwiebel
1 oder 2	Gewürznelken
2 oder 3 Zweige	Petersilie
1 Stange	Sellerie
1	Lorbeerblatt
1 Prise	Safran

Der Wolfsbarsch mit Mandel-Rosinen-Füllung orientiert sich an einem traditionellen jüdischen Rezept. Ursprünglich wurden allerdings für die Farce keine Garnelen, Muscheln oder andere Meeresfrüchte verwendet, da sie für gläubige Juden verboten sind.

Dieses Feiertagsgericht ist nicht ganz einfach. Sie müssen die Gräten entfernen, ohne dabei das Fleisch zu verletzen. Der Fisch muss ganz bleiben und sich noch füllen lassen. Schieben Sie die Schneide eines Messers vorsichtig unter die Mittelgräte, um sie vom Fleisch zu lösen. Dann schneiden Sie die Mittelgräte kurz vor dem Kopf mit einer Schere durch.

Der Wolfsbarsch ist an der tunesischen Küste ebenso beliebt wie die Goldbrasse, die Seezunge und der Wittling. Dieser im Mittelmeer gefangene Räuber gehört zur Familie der Sägebarsche. Sein mageres, feines und sehr festes Fleisch zerfällt beim Kochen nicht und weist überdies nur wenige Gräten auf.

Moez Ksouda variiert die Farce, indem er Garnelen hinzufügt. Es gibt verschiedene Arten von Garnelen, die sich alle gleichermaßen für dieses Rezept eignen. Wenn die Füllung etwas trocken wird, können Sie zum Binden ein verquirltes Ei verwenden. Den gefüllten Fisch legen Sie auf Alufolie und garen ihn in der Bouillon.

Die Mandeln verleihen dem Gericht Aroma und Biss. Jedes Jahr werden etwa 50 000 Tonnen Mandeln von tunesischen Mandelbäumen geerntet! Sie werden im Mai und Juni grün gepflückt und getrocknet, damit sie sich das ganze Jahr über halten.

Den Reis 20 Minuten kochen und abtropfen lassen. Die Garnelen längs halbieren. Eine oder zwei zum Garnieren beiseite legen, die übrigen fein hacken. Die Rosinen in einer Schüssel mit lauwarmem Wasser einweichen.

2 Zwiebeln schälen und ebenso wie die Petersilie hacken. Zwiebeln mit 50 ml Olivenöl anbraten. Mit Salz, Pfeffer und Kreuzkümmel würzen. Petersilie und Garnelenstückchen hinzufügen und umrühren. Einige Garnelenstücke beiseite legen. Gekochten Reis und Safran zugeben.

Mandeln, Rosinen und zerdrückten Knoblauch unter die Farce rühren. Unter ständigem Rühren köcheln lassen.

Mandel-Rosinen-Füllung

Die Fische am Rücken längs aufschneiden. Die Messerspitze unter die Mittelgräte schieben, um diese zu lösen. Direkt hinter dem Kopf die Mittelgräte mit einer Schere durchschneiden. Die beiden Fischhälften leicht auseinander klappen und die Farce dazwischenfüllen.

Jeden Fisch einzeln auf ein Stück Alufolie legen und die Ränder der Folie nach oben biegen. In 50 ml Olivenöl eine Möhre, eine mit Nelken gespickte Zwiebel, Petersilie, Sellerie, ein Lorbeerblatt und Safran anbraten. Etwas Wasser zugießen, zum Kochen bringen und eindicken lassen.

Etwas Wasser zugießen, 30 Minuten kochen, abseihen und auf ein Backblech gießen. Die Alufolie mit den Fischen in die Bouillon legen. 10 Minuten bei 180 °C backen. Die Fische mit Sauce auf Servierplatten anrichten und mit Garnelenstückchen und gehackter Petersilie garnieren.

Zackenbarsch mit

Vorbereitungszeit:	*25 Minuten*
Einweichzeit der Kichererbsen:	*1 Nacht*
Garzeit der Kichererbsen:	*50 Minuten*
Garzeit der Gerste und des Zackenbarsches:	*1 Stunde 35 Minuten*
Schwierigkeitsgrad:	☆☆

Für 4 Personen

200 g	Kichererbsen
300 g	Zwiebeln
100 ml	Olivenöl
50 g	Knoblauch
1 TL	gemahlener Kreuzkümmel
2 Prisen	Paprikapulver
200 g	Tomatenmark
	feines Salz
	schwarzer Pfeffer
1 kg	Zackenbarsch
1 Prise	gemahlene Kurkuma
200 g	grüne Paprika
500 g	*malthout* (geröstete Gerste)
400 g	Kartoffeln
400 g	Kürbis
200 g	Zucchini

Moez Ksouda hat dieses Rezept, das in Tunesien *malthout bil manani* genannt wird und sehr beliebt ist, von seiner Mutter übernommen. Dabei wird der Fisch in einer *taklia*-Sauce gekocht, die typisch für die Küstenregion ist: Eine Mischung aus Tomatenmark, in Olivenöl angebratenen Zwiebeln und Kräutern wird eingekocht, bevor man sie zusammen mit gesalzenen Paprika köcheln lässt, die der Sauce ihr Aroma verleihen.

Malthout wird aus Gerste hergestellt und gehört zu den zahlreichen tunesischen Getreideprodukten. Die rohe, verlesene Gerste wird geröstet und zerstoßen, um die Schalen zu entfernen. Anschließend worfelt man sie in einem Sieb, bevor sie gemahlen wird. Das Getreide wird mehrfach gesiebt, wodurch man die großen, als *malthout* bezeichneten Bestandteile erhält. Die mittelgroßen Partikel heißen *chicha*, die kleinen sind so fein wie Mehl.

Tunesier haben die Wahl zwischen rotem und weißem Zackenbarsch. Unser Küchenchef empfiehlt Letzteren, da sein Fleisch etwas zarter ist. Es gibt einen großen Bestand an teurem weißem Zackenbarsch, der als »edel« gilt, sodass er oft zu Ehren von Gästen serviert wird. Um der Sauce ein besonderes Aroma zu verleihen, sollten Sie Paprikapulver, Tomaten, Salz, Pfeffer und Kreuzkümmel miteinander verrühren, Kopf und Gräten des Fischs hinzufügen und alles 30 Minuten köcheln lassen. Seihen Sie die Sauce durch ein Sieb ab.

Waschen Sie den Fisch und schneiden Sie ihn der Länge nach 2–3 cm oberhalb des Schwanzes ein. Spießen Sie die kleinen grünen Paprika auf ein Messer und bestreuen Sie sie mit Salz. Wenn Sie in der Sauce gegart sind, sollten Sie wieder entfernt werden, bevor der Fisch hinzugefügt wird. Sauce und Paprika reicht man in separaten Schüsseln.

Die Kichererbsen über Nacht einweichen. 50 Minuten kochen. In einem großen Topf die gehackten Zwiebeln in 50 ml Olivenöl anbraten. Im Mörser den Knoblauch mit einer Prise Kreuzkümmel zerstoßen und zu den Zwiebeln geben. Bei großer Hitze anbraten. Kaltes Wasser zugießen.

Paprikapulver, Tomatenmark, Salz, Pfeffer und eine Prise Kreuzkümmel hinzufügen. Etwas Wasser zugießen. Diese Tomatensauce 15 Minuten bei geringer Hitze einkochen.

Den Zackenbarsch in Filets zerteilen, die Haut entfernen. Quadrate mit 10 cm Seitenlänge zuschneiden. Mit Kurkuma, Paprikapulver, Pfeffer und Kreuzkümmel würzen.

gerösteter Gerste

Paprika entstielen und oben einschneiden. Auf einer Messerspitze Salz im Innern der Paprika auftragen. Dann die Schoten in die eingekochte Tomatensauce legen. Bei geringer Hitze köcheln lassen, bis die Paprika gar sind. Herausnehmen und beiseite legen.

Gerste waschen, mit 50 ml Olivenöl und Salz verrühren und in einen Dämpfeinsatz füllen. Auf den Topf mit der Tomatensauce setzen und 10 Minuten dämpfen.

Den Zackenbarsch in die Sauce legen und weitere 20 Minuten kochen. Den Fisch herausnehmen und beiseite legen. In der Sauce die Kartoffeln 10 Minuten, dann den Kürbis und die Zucchini 20 Minuten garen. Den Fisch mit Gemüse und Kichererbsen auf der Gerste servieren.

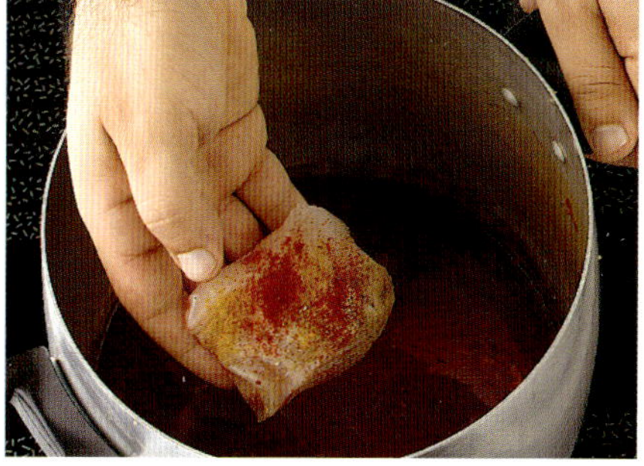

Gefüllte Sardinen

Vorbereitungszeit: *35 Minuten*
Garzeit: *35 Minuten*
Schwierigkeitsgrad: ★★

Für 4 Personen

Gefüllte Sardinen:

1	Wittlingfilet
1	Kabeljaufilet
	Salz
50 g	Zwiebeln
1	Knoblauchzehe
1 Bund	glatte Petersilie
100 ml	Olivenöl
1 Prise	gemahlener Kreuzkümmel
1 Prise	Chilipulver
1 Prise	gemahlener Koriander
25 g	Paniermehl
2 oder 3	Eier
	Pfeffer
12	große Sardinen

Tomatensauce:

350 g	Tomaten
5 g	Knoblauch
100 ml	Olivenöl
½ TL	Kümmel
	Salz
	Pfeffer
½ TL	Tomatenmark
½ TL	Harissa (Gewürzmischung)

Frittiertes Gemüse:

4	Kartoffeln
je 2	rote und grüne
	Paprika
	Pflanzenöl zum
	Frittieren

Die Feinschmecker aus der Region Sousse lieben gefüllte Sardinen. Ebenso wie Mahdia, Sfax und Gabès ist dieser Ort bekannt wegen seiner Sardinen, Makrelen, Sardellen und Thunfisch. Seit etwa 100 Jahren werden zahlreiche Sardinen nachts mithilfe von Lampen gefangen; dazu werden sehr kräftige Schiffslaternen verwendet, die den Fisch anlocken sollen.

Von Mai bis August ist das Meer voll von köstlichen Sardinen. Die Tunesier kaufen sie sofort ganz frisch, wenn die Boote im Hafen einlaufen. Am schnellsten kann man Sardinen auf dem Grill zubereiten, frittieren, backen oder mit Couscous garen. Besonders gut schmecken sie mit Paprika, Tomaten, Knoblauch, Zwiebeln und Kurkuma.

Unser Küchenchef bereitet die Farce mit Sardellen, Makrelen und Wittling zu. Sie können jedoch auch eine Füllung wählen, die lediglich aus Zwiebeln, Knoblauch, Petersilie, Paniermehl, Eiern und Kräutern besteht.

Die Sardinen können frittiert oder im Ofen gebacken werden. Chokri Chteoui empfiehlt Ihnen, die Fische beim Füllen am Bauch aufzuschneiden und die Farce dort einzufüllen. Da es manchmal schwierig ist, große Sardinen zu bekommen, können Sie auch kleine Exemplare wählen und die Zubereitungsart etwas abwandeln. Legen Sie eine aufgeklappte Sardine auf den Rücken und übergießen Sie sie mit Farce. Decken Sie eine weitere Sardine umgekehrt darüber. Dann muss dieses »Fischsandwich« nur noch in der Pfanne gebraten werden.

Wittling und Kabeljau 10 Minuten in Salzwasser pochieren. Zwiebel und Knoblauch schälen und hacken, Petersilie und abgetropften Fisch hacken. Zwiebel und Knoblauch anbraten. Vom Herd nehmen. Fisch, Kreuzkümmel, Chili, Petersilie, Koriander, Paniermehl, Eier, Salz und Pfeffer zugeben.

Den Kopf der Sardinen abschneiden. Am Schwanzende einschneiden. Sardinen entlang der Mittelgräte kneten, um diese zu lösen. Leicht am Schwanz ziehen und die Mittelgräte entfernen. Jede Sardine mit Farce füllen und diese mit einem Löffelstiel hineindrücken.

In einer Pfanne Öl erhitzen. Die gefüllten Sardinen ins heiße Öl legen und auf beiden Seiten braten. Mit einem Holzspatel umdrehen. Auf Küchenpapier abtropfen lassen.

Für die Sauce die Tomaten häuten, von Samen befreien, in kleine Würfel schneiden und dann mixen. Knoblauch und Kartoffeln schälen und in dünne Scheiben schneiden.

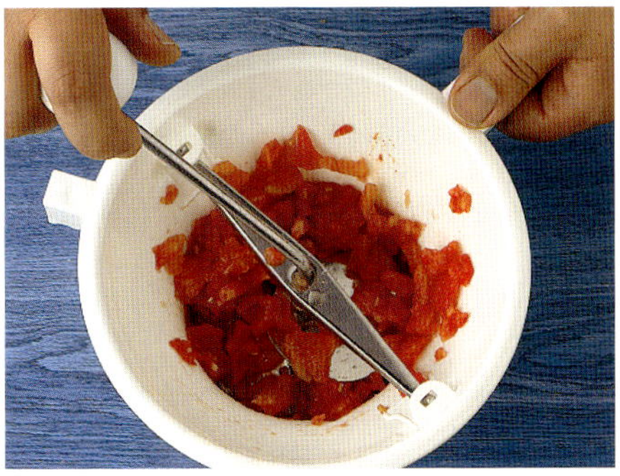

In einer Frittierpfanne Öl erhitzen und mithilfe eines Schaumlöffels die Paprika zugeben. Goldbraun frittieren und auf Küchenpapier abtropfen lassen. Anschließend die Kartoffelscheiben frittieren.

In einem Topf das Tomatenpüree in Olivenöl erhitzen. Kümmel, Salz, Pfeffer, Tomatenmark, Harissa und Knoblauchscheiben hinzufügen. 10 Minuten köcheln lassen. Auf jedem Teller 3 Sardinen mit etwas Tomatensauce, frittierten Paprikastreifen und Kartoffelscheiben anrichten.

Tintenfisch

Vorbereitungszeit: *20 Minuten*
Garzeit: *50 Minuten*
Schwierigkeitsgrad: ★

Für 4 Personen

1 kg	Tintenfisch (ohne Arme)
3	Zwiebeln
4	Knoblauchzehen
100 ml	Olivenöl
25 g	Paprikapulver

15 g	gemahlene Kurkuma
50 g	Tomatenmark
	Salz
	Pfeffer
1	grüne Paprika
50 g	glatte Petersilie
200 g	frische enthülste Erbsen
10 g	gemahlener Kreuzkümmel

Bei diesem Frühlingsgericht wird Tintenfisch, *soubia* genannt, in Kombination mit Erbsen (*jelbana*) serviert, deren Aromen hervorragend zueinander passen. Im März gibt es auf den tunesischen Märkten große Mengen frischer Erbsen. Tintenfische mit zartem Fleisch und in der richtigen Größe schwimmen in dieser Zeit zahlreich in Küstennähe.

Die Tunesier kaufen Tintenfische in der Regel als ganze Tiere. Für das Rezept, das wir Ihnen hier vorstellen, werden die Körper verwendet, während die Arme als Einlage in Suppen gegessen werden. Man schneidet zunächst Kopf und Arme ab und zieht dann die feine, violette Haut vom Körper. Anschließend wird der Hauptknochen entfernt und der Körper ausgewaschen.

Das Wasser, in dem Sie die Tintenfischkörper pochieren, können Sie mit Zitronenscheiben aromatisieren. Unser Küchenchef brät die Gewürze nicht direkt mit den Weichtieren in Öl an, da sie sonst verbrennen und bitter werden. Er fügt sie deshalb erst hinzu, wenn der Tintenfisch schon eine goldbraune Farbe angenommen hat.

Mohamed Boussabeh brät den Tintenfisch in Tomatenmark an, bevor er Wasser zugießt. Dann lässt er ihn bei geringer Hitze köcheln, damit die Sauce den Geschmack gut annimmt.

Sie können dem Gericht Kartoffeln oder frisches Tomatenpüree hinzufügen. Seit Beginn des vergangenen Jahrhunderts wird Tomatenmark vor Ort produziert. Heute werden Tomaten offen auf dem Feld oder in Gewächshäusern angepflanzt, die von Geothermalquellen versorgt werden (in Nabeul sowie im Süden in Gabès, Tozeur und Kébili). Seit die Tomate in Tunesien eingeführt wurde, ist sie ein so wichtiger Bestandteil der Landesküche geworden, dass die vorherrschende Farbe der typischen Gerichte Rot ist.

In einem Topf Wasser zum Kochen bringen. Darin die Tintenfischkörper etwa 5 Minuten pochieren.

Die Tintenfischkörper in gleichmäßige Stücke teilen, beispielsweise in Rauten. Zwiebeln und Knoblauch schälen. Zwiebeln in Ringe schneiden und Knoblauch zerdrücken.

In einem Topf Zwiebeln, Knoblauch und Tintenfischstücke in Olivenöl anbraten, sodass sie eine goldbraune Farbe annehmen. Mit Paprikapulver und Kurkuma würzen, gut umrühren.

mit Erbsen

Zu den Tintenfischstücken das Tomatenmark hinzufügen und mit Salz und Pfeffer abschmecken. Bei geringer Hitze umrühren und zum Kochen bringen.

Eine Schale Wasser zugießen. Topf abdecken. 25–30 Minuten köcheln lassen. In der Zwischenzeit die Paprika von Samen befreien und in Ringe schneiden. Petersilie hacken.

Wenn der Tintenfisch weich und fast gar ist, Erbsen, Paprikaringe, Kreuzkümmel und Petersilie der Sauce hinzufügen. Weitere 5 Minuten köcheln lassen und abschmecken. Heiß servieren.

Fleisch & Ragout

Lamm im

Vorbereitungszeit: *1 Stunde*
Garzeit: *1 Stunde 30 Minuten*
Schwierigkeitsgrad: ★★

Für 4 Personen

8	Artischocken
100 ml	Zitronensaft
1 kg	Lammkeule
	Salz und Pfeffer
2 g	Safran

40 g	Knoblauch
50 g	Möhren
30 g	Sellerie
20 g	Petersilie
1	kleine Zwiebel
100 g	frischer Rosmarin
500 g	*chorba* oder Reisnudeln
30 ml	Olivenöl
1 TL	Maisstärke

Lamm im Rosmarinbett oder *aknef* ist ein typisch tunesisches Gericht, das auch auf dem Speiseplan des größten moslemischen Festes, *Aïd el Kébir*, steht. Aus Anlass der Feierlichkeiten, die mit dem Ritual der Pilgerreise nach Mekka verbunden sind, schlachten alle Familien ein Schaf. Im Laufe einer Woche wird das Fleisch des Tieres dann auf jede erdenkliche Art verarbeitet, sodass täglich eine andere Speise serviert werden kann. Beim *aknef* dämpft man ein Stück Lammfleisch auf einer Schicht Rosmarin und reicht dazu Safrannudeln.

Sie können für dieses Gericht Fleisch aus der Keule, aus der Schulter oder andere Teile wählen, die eine lange Garzeit benötigen. Unser Küchenchef bevorzugt ein Stück aus der Keule mit einem besonders feinen Geschmack. In Tunesien stammt das Lammfleisch von lokalen oder ausländischen Rassen.

Die Artischocken verleihen dem Lamm eine frühlingshafte Note. In Tunesien gewinnt die Artischocke immer noch weiter an kulinarischer Bedeutung; inzwischen werden Artischocken auch in Konserven angeboten. Sie werden im Salat, in Ragouts oder Couscousrezepten verwendet.

Die Nudeln reicht man separat. In Tunesien genießt man die reiskorngroßen *chorba*-Nudeln aus Hartweizengrieß. *Chorba* werden in zwei verschiedenen Größen angeboten: Die mittelgroßen Nudeln werden in Sauce gekocht und zu Lammgerichten serviert, während man die kleineren vorzugsweise in Suppen mit Gemüse kombiniert. Wenn Sie die Nudeln in der Sauce garen, sollten Sie häufig umrühren, damit sie nicht am Topfboden kleben bleiben.

Artischocken putzen und die Böden herausschneiden. Die Stiele schälen, auch die Herzen aufheben. Alle Artischockenteile in Wasser mit Zitronensaft einlegen. Das Lammfleisch vom Knochen lösen und in große Würfel schneiden. Mit Salz, Pfeffer, Safran und zerdrücktem Knoblauch würzen.

Etwas Wasser in einen großen Topf füllen. Safran zugeben. Zum Kochen bringen. Eine Möhre und Sellerie sowie Petersilie und eine kleine Zwiebel hinzufügen.

Die Rosmarinzweige in einen Dämpfeinsatz oder ein Sieb geben. Die Lammstücke darauf legen. Dann den Dämpfeinsatz auf den Topf mit dem aromatisierten Wasser setzen.

Rosmarinbett

Die beiseite gelegten Artischockenböden und -stängel neben das Lammfleisch legen. Deckel auflegen und 1 Stunde 15 Minuten im Dampf garen.

Die mit Safran aromatisierte Bouillon durch ein feines Sieb in einen Topf gießen. 200 ml Brühe aufheben. Die Möhre des zum Aromatisieren verwendeten Gemüses in Scheiben schneiden und in den Topf geben.

Nudeln und Öl hinzufügen. 10 Minuten bei starker Hitze kochen. In einem anderen Topf die zurückbehaltene Bouillon mit Stärke verrühren und einkochen. Das Fleisch auf Safransauce anrichten, Artischocken daneben anrichten. Die Nudeln in einer separaten Schüssel reichen.

Kaninchen mit

Vorbereitungszeit: *30 Minuten*
Garzeit: *45 Minuten*
Schwierigkeitsgrad: ★★

Für 4 Personen

Kaninchen in Sauce:

1,2 kg	Kaninchen
200 ml	Olivenöl
50 g	Zwiebeln
	Salz
	Pfeffer
2 Zweige	Thymian
1 TL	Harissa (Gewürzmischung)
1 Prise	gemahlener Koriander
1 EL	getrocknete Tomaten
2	Knoblauchzehen
2 EL	Tomatenmark

Klößchen:

	Kanincheninnereien
100 g	Kaninchenfleisch
50 g	Zwiebeln
1 Bund	glatte Petersilie
40 g	Bulgur
1 Prise	Quatre-Épices (Pfeffer, Kümmel, Koriander, Zimt)
1 Prise	getrocknete Minze
	Salz und Pfeffer
	Olivenöl
1 Bund	Mangold

Sorghum:

250 g	gemahlenes Sorghum
	Salz

Ein Püree aus Sorghum bildet die Basis für dieses Gericht. Kaninchen mit Sorghum ist eine Spezialität aus Redjiche, einer 5 Kilometer von Mahdia entfernten Küstenstadt im Osten Tunesiens. Das Sorghum-Püree ähnelt einem festen, homogenen und grauen Kartoffelbrei. Unser Küchenchef serviert Kaninchen und Tomatensauce sowie in Mangold eingewickelte Klößchen dazu.

Sorghum ist ein kleinkörniges Getreide, das überall in Afrika angebaut wird. Die Tunesier mischen das gemahlene graue Pulver mit Zucker, Milch und Orangenblütenwasser und genießen die entstandene Creme namens *sohleb* zum Frühstück. Die so genannte *bsissa* entsteht, wenn man Sorghum mit geröstetem Weizen, Kichererbsen, Koriander und Zucker verrührt.

Die Sauce wird mit Harissa gewürzt – der berühmten Mischung aus Knoblauch, Kümmel und Salz mit zerkleinerten roten Chilischoten.

Die *osbène* genannten Klößchen dienen zum Garnieren des Sorghum. Ursprünglich stellte der Koch eine Farce aus den frischen oder getrockneten Innereien eines Schafs oder Rindes her. Diese füllte er in ein Stück Darm, das er zunähte. Diese Würstchen wurden oft mit Couscous serviert. In unserem Rezept hat Chokri Chteoui eine Kaninchenfarce hergestellt, die er mit Graupen oder Bulgur andickt. Der Darm wurde durch ein Mangoldblatt ersetzt.

Nachdem Sie die Alufolie über den Klößchen geschlossen haben, sollten Sie diese zum Garen mehrfach einstechen.

Für die Klößchen die Innereien und etwas Kaninchenfleisch vom Bauch in kleine Würfel schneiden. In eine Schüssel geben. 50 g Zwiebeln und die Petersilie hacken.

Zwiebeln, Petersilie, Bulgur, Quatre-Épices, getrocknete Minze, Salz, Pfeffer und etwas Olivenöl mit dem Fleisch zu einer Farce verrühren.

Die Mangoldblätter in große Rechtecke schneiden. Mit der Hand Klößchen formen, einzeln in Mangoldblätter rollen und in Alufolie einwickeln. Auf diese Weise die gesamte Farce verarbeiten.

Sorghum

Das Kaninchen in 8 Stücke teilen. 200 ml Öl in einem großen Topf erhitzen und die Kaninchenteile zum Anbraten in das heiße Öl legen. Dann 50 g Zwiebeln, Salz und Pfeffer hinzufügen und goldbraun werden lassen.

Zerkleinerten Thymian, Harissa, gemahlenen Koriander, getrocknete Tomaten, zerdrückten Knoblauch und Tomatenmark zugeben und umrühren. 10 Minuten köcheln lassen. Zum Verdünnen etwas Wasser zugießen. Die mit Mangold umwickelten Klößchen hinzufügen. 20–25 Minuten köcheln lassen.

In einem Topf das Sorghum mit 250 ml Wasser anrühren und salzen. 10 Minuten unter ständigem Rühren bei mittlerer Hitze köcheln lassen. Das Sorghumpüree auf Serviertellern anrichten, die Klößchen im Mangoldmantel darauf setzen. Kaninchenfleisch und Sauce daneben anrichten.

Gedämpfte Lammkoteletts

Vorbereitungszeit: *20 Minuten*
Garzeit: *50 Minuten*
Schwierigkeitsgrad: ✭

Für 4 Personen

1 kg	Lammrippe
2	Zwiebeln
2 Zweige	Thymian
2 Zweige	Rosmarin
½ Bund	Petersilie
1 EL	Harissa (Gewürzmischung)
50 ml	Olivenöl
	Salz
	Pfeffer
4	kleine Kartoffeln

Zum Garnieren:
Rosmarinzweige

Lammkoteletts, die im Rosmarindampf gegart sind, zählen zu den traditionellen Gerichten des tunesischen Bürgertums. In einigen Familien im Nordwesten des Landes rührt man einen Esslöffel Tomatenmark in die Bouillon. Am nächsten Morgen werden dann noch kleine Reisnudeln hinzugefügt.

Die Lammrippe ist ein besonders saftiges Stück Fleisch. Über Dampf gegarte Koteletts geraten ausgesprochen zart. Direkt vor dem Servieren empfiehlt es sich, das Fleisch auf den Tellern mit seinem eigenen Saft zu übergießen. Das Gericht sollte nach der Zubereitung sofort verzehrt werden.

Die charakteristischen Gewürze und Kräuter der Region sind die Seele der tunesischen Küche. Aufgrund der klimatischen Unterschiede in den verschiedenen Regionen des Landes können zahlreiche verschiedene Aromapflanzen angebaut werden – wie etwa der Rosmarin mit seinen festen Blättern, die oben dunkelgrün und unten weißlich sind. Für dieses Rezept ist nur eine geringe Menge erforderlich.

Rosmarin und Thymian können auch durch frische Minze ersetzt werden. Legen Sie die Blätter direkt in den Dämpfeinsatz des Topfes unter das Fleisch.

Eine besonders wichtige Zutat für dieses Rezept ist die Harissa. Diese tunesische Standardwürzpaste wird aus getrockneten und gehackten roten Chilischoten, Salz, Knoblauch, Kümmel und Olivenöl hergestellt und gekühlt aufbewahrt.

Chedley Azzaz reicht zu diesem leichten Sommergericht, das meist mittags serviert wird, kleine Kartoffeln.

Die Koteletts zuschneiden, indem Sie die Knochenenden durchtrennen. Reste und Knochen für die Sauce aufbewahren.

Zwiebeln schälen und in dünne Ringe schneiden.

Die Kräuter (Rosmarin, Thymian und Petersilie) hacken.

mit Kräutern

Das Fleisch mit den Kräutern aromatisieren. Zwiebelringe hinzufügen und umrühren. Harissa und Olivenöl zugeben und mit Salz und Pfeffer abschmecken.

Kotelettreste und Knochen in einen großen Topf geben und den Topf halb mit heißem Wasser füllen. Gewürzte Koteletts in den Dämpfeinsatz legen, auf den Topf setzen und 40–45 Minuten im Wasserdampf garen. 15 Minuten vor Ende der Garzeit die geschälten Kartoffeln zugeben.

Das Fleisch mit Fleischsaft übergießen. Den Dämpfeinsatz 5 Minuten abdecken. Die Lammkoteletts mit Kartoffeln auf Servietellern anrichten und mit Rosmarinzweigen garnieren.

Süßes

Vorbereitungszeit: *15 Minuten*
Einweichzeit der Kichererbsen: *12 Stunden*
Garzeit: *1 Stunde*
Schwierigkeitsgrad: ★

Für 4 Personen

150 g	getrocknete Aprikosen
150 g	getrocknete Pflaumen
150 g	Rosinen

500 g	Lammschulter
	Salz
2 g	schwarze Pfefferkörner
2 g	gemahlener Zimt
1 g	Rosenpulver
1 TL	Kurkuma
1 Prise	gemahlene Nelken
100 ml	Olivenöl
100 g	Kichererbsen
1 EL	Zucker

Die Tunesier nennen dieses Gericht *marka hloua* – süßes Ragout. Es ist jüdischen Ursprungs, wird für den Sabbat vorbereitet und warm oder kalt genossen. In der Gegend von Bizerte haben die Menschen diese Tradition beibehalten und bereiten die Speise für Hochzeiten oder das moslemische Neujahrsfest zu.

Hübsch angerichtet wird das süße Ragout ein wahrer Augenschmaus. Die zahlreichen Trockenfrüchte liefern einen ganz eigenen süßlichen Geschmack.

Die Aprikose verleiht dem Gericht das milde Aroma. Die runde orange Frucht enthält viele Vitamine (vor allem Vitamin A) und hat eine samtige Haut. Tunesische Aprikosen werden in die ganze Welt exportiert. Die getrockneten Früchte, die für diese Speise verwendet werden, müssen auf jeden Fall in lauwarmem Wasser eingeweicht werden.

Diese Empfehlung gilt auch für die Rosinen und Pflaumen. Letztere wurden früher in der Sonne getrocknet, während sie heute oft durch eine heiße Zuckerlösung entwässert werden. Sie liefern viel Energie und sind reich an Magnesium und Kalzium. Wählen Sie fleischige Pflaumen mit einer glänzenden Färbung und glatter Haut.

Das süße Lammragout kann auch ausschließlich mit Rosinen zubereitet werden. Verwenden Sie Malaga-Rosinen oder Sultaninen.

Das Lammfleisch passt ideal zu der süß-säuerlichen Mischung. Unser Küchenchef rät Ihnen, die Knochen des Lammfleisches für die Zubereitung eines Fonds mit Sellerie, Möhre, gehackter Petersilie, Salz und Pfeffer zu verwenden.

In Schälchen mit lauwarmem Wasser die Aprikosen, Pflaumen und Rosinen etwa 15 Minuten einweichen.

Das Lammfleisch in gleichmäßige Stücke schneiden.

Das Fleisch mit Salz, Pfeffer, Zimt, Rosenpulver, Kurkuma und Nelken würzen. 100 ml Olivenöl hinzufügen.

Lammragout

In einem Topf das Fleisch 5 Minuten anbraten.

Die am Vortag eingeweichten Kichererbsen hinzufügen. Bis über die Hälfte mit Wasser auffüllen und ca. 50 Minuten köcheln lassen. Das Fleisch herausnehmen.

Dem Fleischsaft Zucker, Rosinen, Pflaumen und Aprikosen hinzufügen und die Mischung etwa 5 Minuten kochen. Das Gericht in tiefen Tellern anrichten und mit Sauce übergießen.

Gewürzlamm

Vorbereitungszeit:	*10 Minuten*
Garzeit:	*1 Stunde*
Einlegezeit des Safran-Orangenblütenwassers:	*12 Stunden*
Schwierigkeitsgrad:	★

Für 4 Personen

1 Prise	Safranfäden
100 ml	Orangenblütenwasser
1 kg	Lammfleisch (Keule, Hals, Leber)
	Salz

1 EL	Kurkuma
1 EL	Paprikapulver
1	Zimtstange
1 TL	Rosenpulver
100 ml	Olivenöl
1	Zitrone

Zum Garnieren:

1	Kartoffel
	Minzeblätter
½	Zitrone

Aus Anlass des moslemischen Festtags *Aïd el Kébir* schlachten die Tunesier ein Schaf und teilen die verschiedenen Stücke unter den Nachbarn auf. In der Gegend von Nabeul bereiten die Menschen gern *m'chalouat* (Gewürzlamm) zu. Dieses traditionelle Gericht besteht aus Leber, Herz sowie Fleisch aus Keule und Hals. Es ist rasch zubereitet und wird in der Regel zum Mittagessen serviert.

Orangenblütenwasser ist eine regionale Spezialität. Die destillierten Orangenblüten werden in zahlreichen tunesischen Gerichten verwendet. Für dieses Rezept müssen die gerösteten und zerstoßenen Safranfäden mindestens zwölf Stunden im Orangenblütenwasser eingelegt werden. Der rötliche Sud verleiht dem Lamm ein wunderbares Aroma.

Safran wird auf Arabisch *za'farân* genannt und ist das teuerste Gewürz der Welt. Sein ganz eigener Geschmack sowie seine intensive Farbe können nicht ersetzt werden.

In der traditionellen tunesischen Küche wird das Fleisch immer vor dem Kochen oder Braten gewürzt. Kurkuma gehört zu den Gewürzen, die gern zum Aromatisieren und Färben verwendet werden. Auch Milchprodukten, Gebäck, Getränken und Senf verleiht diese Pflanzenwurzel oft ihre gelbe Farbe. In Pulverform wird Kurkuma leicht bitter.

Das Lamm wird außerdem mit Rosenpulver aromatisiert, einer weiteren Spezialität aus Nabeul. Getrocknete und zu Pulver verarbeitete Rosenknospen mildern die Schärfe dieses Gerichts auf bekömmliche Weise.

Das Gewürzlamm wird im Allgemeinen für Nachbarn und Freunde zubereitet. In der Gegend von Nabeul ist dieses festliche Gericht mittags der erste warme Gang nach der langen Zeit des Ramadan. Da es mit viel Sauce serviert wird, sollten Sie es auf tiefen Tellern anrichten.

Am Vorabend die Safranfäden in einer Pfanne knusprig anbraten. Die Fäden in einem Mörser zerstoßen und mit dem Orangenblütenwasser verrühren. Alles 12 Stunden ziehen lassen.

Die verschiedenen Lammteile in Stücke schneiden und mit Salz, Kurkuma, Paprikapulver, Zimtstange und Rosenpulver würzen.

Olivenöl und die Safran-Orangenblütenwasser-Mischung hinzufügen.

Mithilfe zweier Holzlöffel das Fleisch gut mit den Gewürzen verkneten. Kartoffel in Salzwasser kochen und für die Dekoration beiseite legen.

Das Fleisch bei starker Hitze 10 Minuten braten.

2 Gläser Wasser zugießen und ca. 40 Minuten kochen, bis eine gelbliche, sämige Sauce entsteht. Vor dem Anrichten das Fleisch mit Zitronensaft beträufeln. Mit Kartoffelscheiben und Leberstückchen, einem Minzeblatt und einer Zitronenscheibe garnieren.

Oliven mit

Vorbereitungszeit: *15 Minuten*
Kühlzeit der Oliven: *10 Minuten*
Garzeit: *30 Minuten*
Schwierigkeitsgrad: ★★

Für 4 Personen

800 g	Rinderfilet in 4 Scheiben
2 Prisen	Quatre-Épices (Pfeffer, Kümmel, Koriander, Zimt)
	Salz
	Pfeffer
1 EL	Essig
150 g	Rinderhackfleisch
150 g	große grüne Oliven

2	Eier
5 EL	Mehl
	Pflanzenöl zum Frittieren
1 EL	Kapern

Tomatensauce:

1	Zwiebel
2	Knoblauchzehen
3 EL	Olivenöl
1 EL	Harissa (Gewürzmischung)
500 g	geschälte Tomaten aus der Dose

Zum Garnieren:

Petersilie

Dieses tunesische Gericht stammt vermutlich aus Sousse oder Sfax, da man für die Zubereitung die berühmten Oliven benötigt, die in diesen Gegenden angebaut werden. Obwohl die Früchte zum Großteil für die Herstellung von Öl verwendet werden, sind die besonders fleischigen Oliven (*akhdar*) dem direkten Verzehr vorbehalten.

Jeder Tunesier, der einen eigenen Olivenbaum besitzt, schätzt sich glücklich. Es gibt rund fünfzig verschiedene Olivensorten, die alle im November geerntet werden. Zum Verzehr bestimmte Oliven können sehr aromatisch sein und einen kräftigen Geschmack haben. Bei unserem Rezept werden die Oliven kurz in kochendes Wasser gelegt, um die Bitterkeit und den Geschmack der Lake zu mildern.

Im Gegensatz zu den Europäern benennen die Tunesier die meisten Gerichte nach dem Gemüse und nicht nach dem für die Zubereitung verwendeten Fleisch oder Fisch.

Im Maghreb wird bei vielen Speisen nur eine kleine Menge Fleisch gebraucht. Diese Tatsache schlägt sich auch in der Namensgebung für die Rezepte nieder. Unser Küchenchef spart bei seinem Gericht jedoch nicht am Fleisch, sondern fügt den gefüllten Oliven sogar noch separate Scheiben Rinderfilet hinzu.

Sie können allerdings auch die Menge an Oliven und Hackfleisch erhöhen und auf das Rinderfilet verzichten. Das ist dann die traditionelle Variante dieses Rezepts. Reichen Sie dazu Brot oder Grießpfannkuchen. Manchmal wird dieses Gericht auf einer großen Servierplatte für alle angerichtet. Jeder nimmt sich eine gefüllte Olive und ein Stück Brot und tunkt es in die Sauce.

Für die Tomatensauce Zwiebel und Knoblauch schälen und in 3 Esslöffeln Olivenöl anbraten. Geschälte Dosentomaten zerkleinern und mit der Harissa hinzufügen. Filetscheiben weich klopfen.

Die Filets in die Tomatensauce legen, 1 Prise Quatre-Épices hinzufügen und mit Salz und Pfeffer abschmecken. 200 ml Wasser zugießen. Zugedeckt bei geringer Hitze garen, bis das Öl an die Oberfläche steigt. Am Ende der Garzeit den Topf vom Herd nehmen und den Essig zugießen.

Das Hackfleisch mit 1 Prise Quatre-Épices, Salz und Pfeffer würzen und gut durchkneten. Beiseite stellen.

Hackfleischfarce

Die Oliven 2–3 Minuten in kochendem Wasser blanchieren und abtropfen lassen. Mit kaltem Wasser abspülen und mit Küchenpapier abtupfen. Oliven der Breite nach halbieren und mit Hackfleisch füllen. In den Handflächen rollen und 10 Minuten kalt stellen.

2 Eier verquirlen. Oliven hineintauchen und dann in Mehl wenden. 5–6 Oliven pro Person einplanen.

Oliven in sehr heißem, dampfendem Öl frittieren. Oliven mit Filet und reichlich Sauce anrichten. Mit Kapern bestreuen. Sofort mit Brot servieren.

Hähnchen-Reis-

Vorbereitungszeit: *15 Minuten*
Einweichzeit der Kichererbsen: *24 Stunden*
Garzeit: *1 Stunde 30 Minuten*
Schwierigkeitsgrad: ★★

Für 4 Personen

1	Hähnchen
100 g	Hähnchenleber und -magen
100 g	getrocknete Kichererbsen
200 g	Mangold

1	Zwiebel
3	Knoblauchzehen
1 Bund	Petersilie
100 g	Reis
1 EL	Chilipulver
1 EL	gehackte, getrocknete Minzeblätter
1 TL	gemahlener Fenchel
5 EL	Olivenöl
	Salz
	Pfeffer
	frische Minzeblätter (nach Belieben)

Unser Küchenchef stellt Ihnen hier eine Spezialität aus Monastir vor. Traditionell wird sie mit den Innereien eines Schafs oder Lamms zubereitet, die in Tunesien bei jedem Metzger erhältlich sind. Diese Fleischteile nennt man *douara*. In unserem Rezept wird das gesamte Hähnchen verwendet. Falls Sie sich das mühsame Entbeinen ersparen möchten, verwenden Sie nur Hähnchenbrustfilet. Wenn Sie die Farce hergestellt haben, formen Sie daraus Frikadellen und schlagen diese in Alufolie ein. Rechnen Sie zwei Frikadellen pro Person.

Die Hähnchen-Reis-Frikadellen vereinen viele Aromen in sich, die für das sonnenverwöhnte Tunesien typisch sind. Die roten Chilischoten (*felfels*) werden auch für die berühmte Würzpaste Harissa verwendet. Getrocknete Minze, in Tunesien *nàa nàa* genannt, verleiht dem heiß servierten Gericht einen frischen, leichten und sommerlichen Geschmack.

Fenchel erkennt man am anisartigen Aroma, der im Mittelmeerraum besonders beliebt ist. Das gesamte Gericht ist geschmacklich sehr eigen und hebt sich von anderen tunesischen Spezialitäten ab. Dazu trägt auch die helle Farbe bei, da zum Kochen kein Tomatenmark verwendet wird.

Wenn Sie die Hähnchen-Reis-Frikadellen etwas bunter gestalten möchten, können Sie jedoch auch eine Tomatensauce herstellen und zusammen mit weißem Reis dazu reichen. Anstatt Mangold bietet sich auch junger Spinat an. Mohamed Bouagga empfiehlt, die Frikadellen zur Abwechslung auch einmal mit Bulgur zu servieren.

Das Hähnchen entbeinen, die Haut aufheben. Die Brust auslösen. Innereien und Fleisch in gleichmäßige Würfel schneiden. Kichererbsen am Vortag in Wasser einweichen.

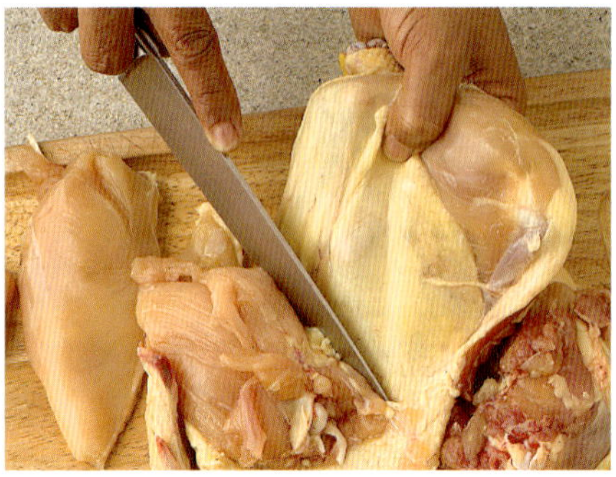

Mangold waschen und putzen. Mangold, Zwiebel, Knoblauchzehen und einen halben Bund Petersilie hacken. Kichererbsen abtropfen lassen.

Hähnchenfleisch, Innereien, Mangold, Petersilie, ungekochten Reis, Chilipulver, getrocknete Minze, Knoblauch, Fenchel, Zwiebel und Kichererbsen miteinander verrühren.

Frikadellen

Öl hinzufügen, unterrühren und mit Salz und Pfeffer würzen. Haut des Hähnchens in vier Stücke teilen. Jeweils eine Portion der Fleischmischung darauf setzen und die Ränder der Haut zum Verschließen darüber klappen.

Die Mischung zu Frikadellen formen und mit Bindfäden umwickeln.

Zum Kochen in einen Topf mit kaltem Wasser legen. Einen Zweig frische Minze hinzufügen. Aufkochen, dann bei geringer Hitze zugedeckt 1 Stunde 30 Minuten köcheln lassen.

Lammragout

Vorbereitungszeit: *30 Minuten*
Garzeit: *45 Minuten*
Schwierigkeitsgrad: ✭

Für 4 Personen

700 g	Lammkeule
200 g	Tomaten
100 ml	Olivenöl
	Salz
	schwarzer Pfeffer
1	Zwiebel
2	Knoblauchzehen
1 Prise	Safranfäden
1	Zitrone
1	Limette
2	rote Paprika
2	grüne Paprika

Zum Garnieren:
gehackte Petersilie (nach Belieben)

Tunesier essen sehr gern Lammfleisch. In der kulinarischen Tradition des Landes wird es in zahlreichen verschiedenen Gerichten verwendet und verleiht ihnen sein charakteristisches Aroma.

In der Gegend von Tunis wird Lammragout mit Zitrone in der Regel als Hauptgericht serviert. Es lässt sich problemlos zubereiten und kommt das ganze Jahr über auf den Tisch.

Tunesien ist nicht nur für seinen einzigartigen Jasmin, sondern auch für die zahlreichen, wunderschönen Orangen- und Zitronenbäume bekannt.

Für dieses Rezept müssen die Zitronen und Paprika in dünne Streifen geschnitten werden. Dazu teilt man sie zunächst in 2 cm dicke Stücke, legt sie dann übereinander und schneidet sie in feine 3–5 cm lange Streifen.

Zitronen werden in Suppen und Saucen, zu Gemüse, Ragouts sowie beim Backen verwendet. Die saure Zitrusfrucht ist gut gegen Durst und auch für ihren hohen Gehalt an Vitamin C bekannt. Wählen Sie bevorzugt unbehandelte Früchte, oder waschen Sie die Zitronen gründlich mit heißem Wasser und trocknen Sie sie gut ab.

In Tunesien werden zahlreiche Arten Paprika angebaut. Sie dienen als Gewürz und Gemüse. Häufig werden Paprika getrocknet, eingelegt oder gekocht. Wenn Sie das kräftige Aroma mildern möchten, sollten Sie weder die Samen noch die weißlichen Stränge mitverzehren.

Das Lammragout mit Zitrone besitzt eine typisch mediterrane Geschmacksnote. Unser Küchenchef empfiehlt gehackte Petersilie als Garnierung, damit erhält es einen zusätzlichen Farbtupfer.

Die Lammkeule in Würfel schneiden. Die Tomaten abziehen und die Samen entfernen, dann Tomaten zu Püree einkochen.

Das Lammfleisch in 100 ml Olivenöl anbraten, salzen und pfeffern. Gehackte Zwiebel, zerdrückte Knoblauchzehen, Tomatenpüree und ein halbes Glas Safranwasser hinzufügen. 10 Minuten köcheln lassen. Mit Wasser bedecken und ca. 15 Minuten zugedeckt köcheln lassen.

Zitrone und Limette schälen. Die Schale in feine Streifen schneiden.

mit Zitrone

Die grünen und gelben Zitruszesten jeweils 10 Minuten getrennt in kochendem Wasser blanchieren, dann abtropfen lassen.

Rote und grüne Paprika waschen, von Samen befreien und in feine Streifen schneiden.

Dem Fleisch Paprikastreifen hinzufügen. 5 Minuten köcheln lassen. Zitruszesten zugeben. Weitere 5 Minuten köcheln lassen. Lammragout mit Zitrone auf Tellern anrichten.

Okraschoten-

Vorbereitungszeit: *20 Minuten*
Garzeit: *1 Stunde 20 Minuten*
Schwierigkeitsgrad: *★*

Für 4 Personen

600 g	Lammkeule
50 ml	Olivenöl
	Salz
	Pfeffer
1	Zwiebel
3	Knoblauchzehen

1 TL	Tomatenmark
1 TL	Harissa (Gewürzmischung)
1 TL	Paprikapulver
1 TL	Kümmel
200 g	Okraschoten
4	scharfe Peperoni

Das Okraschoten-Ragout ist ein beliebtes tunesisches Rezept. Es ist rasch zubereitet und kommt vor allem im Sommer oft auf den Tisch. Diese als *gnaouïa* bezeichnete Spezialität ist ein fester Bestandteil der kulinarischen Tradition des Landes.

In der Oase von Tozeur wachsen große Mengen Okraschoten, die hier auch als »griechisches Horn« bezeichnet werden. Von diesem tropischen Gemüse werden – je nach Sorte – die Blätter oder die Früchte gegessen. Die Schoten sind längs leicht geriffelt und meist länglich, manchmal aber auch kurz und etwas dicker. Die Okras enthalten viel Kalzium, Phosphor, Eisen und Vitamin C und werden verwendet, bevor sie reif sind. Man bekommt die weichen, fleischigen und schön grünen Früchte bei uns vor allem im türkischen Feinkosthandel.

Unser Küchenchef empfiehlt, die Stiele zu entfernen und die Okraschoten erst kurz vor ihrer Verwendung zu waschen. Werden sie geschnitten, verlieren sie ihren Saft.

In manchen Familien wird dieses Ragout ohne Fleisch serviert, aber mit Lamm schmeckt es deutlich feiner. In Tunesien werden Peperoni vor allem als Gewürz verwendet. Wenn Sie das kräftige Aroma mildern möchten, sollten Sie weder die Samen noch die Stränge mitverzehren.

Das Okraschoten-Ragout hat einen sehr charakteristischen Geschmack und ist in ganz Tunesien äußerst beliebt.

Die Lammkeule in große Würfel schneiden, in 50 ml Olivenöl anbraten und mit Salz und Pfeffer würzen.

Gehackte Zwiebel und zerdrückte Knoblauchzehen hinzufügen, umrühren.

Tomatenmark und Harissa zugeben.

Ragout

Paprikapulver und Kümmel hinzufügen und umrühren. 750 ml Wasser zugießen. Zugedeckt ca. 1 Stunde köcheln lassen.

Zum Vorbereiten der Okraschoten die Stiele abschneiden.

Okras waschen und zusammen mit den Peperoni in den Fleischtopf geben. 15 Minuten kochen. Lamm und Okraschoten auf einem Teller anrichten. Darüber die Sauce geben. Peperoni in einer separaten Schüssel reichen.

Kaninchen-

Vorbereitungszeit: *45 Minuten*
Garzeit: *1 Stunde*
Schwierigkeitsgrad: ★★

Für 4 Personen

1	Kaninchen
1 Prise	*tabel* (Mischung aus Koriander, Kümmel, Knoblauch und Chili)
	Salz
	Pfeffer

25 ml	Olivenöl
200 g	Knoblauch
200 g	Zwiebeln
200 g	Tomaten
50 g	Tomatenmark
200 g	Kartoffeln
500 ml	Pflanzenöl zum Frittieren
10 ml	roter Essig

Zum Garnieren:
glatte Petersilie

In tunesischen Großfamilien gibt es traditionell immer eine erfahrene Frau, die den Haushalt leitet – die Großmutter, ältere Schwester, Mutter oder Großtante. Von den Angehörigen wird sie zärtlich *lella* genannt. Zu Ehren seiner Frau hat unser Küchenchef sein Restaurant *Dar Lella* (Bei Lella) genannt. Diese Gaststätte in Hammamet ganz nah am Meeresufer ist in typisch tunesischer Architektur erbaut und steht inmitten eines Gartens mit Jasmin, Zitronen- und Orangenbäumen.

Auf Arabisch heißt dieses Gericht auf Knoblauchbasis *methaouma*. Ali Matri variiert es auf seine eigene Weise, indem er Kaninchenfleisch darin köcheln lässt. Andere Köche bereiten *methaouma* auch mit Hähnchen, Kalb oder sogar gebratenen Wachteln zu. Die Sauce bleibt jedoch immer gleich und besteht aus frischen Tomaten, Knoblauch, Zwiebel und *tabel*. Am Ende der Garzeit fügt man ein wenig Essig hinzu, der den Geschmack von Knoblauch und Zwiebeln mildert. Ohne Essig würde vor allem das kräftige Aroma der Tomaten alles übertönen.

Kaninchenfleisch wird in Tunesien immer beliebter. Auch die Kaninchenzucht nimmt stark zu. Auf dem Land jagen die Tunesier wilde Kaninchen, die hier zahlreich leben.

Bevor Ali Matri das Kaninchen köcheln lässt, bestreut er es mit ein wenig *tabel*. Diese Gewürzmischung aus Koriander, Kümmel, Knoblauch und getrockneten, zerstoßenen Chilischoten könnte beim Braten leicht bitter geraten. Verwenden Sie die Mischung also sparsam. Als Ersatz können Sie gemahlenen Koriander und Knoblauch verwenden.

Frittierte Kartoffelscheiben passen hervorragend zu Kaninchen. Wie in Tunesien üblich, kann diese Beilage jedoch auch durch Brot ersetzt werden, das man nach Geschmack in die Sauce tunkt.

Das Kaninchen waschen und den Kopf abtrennen. Das Fleisch in acht Stücke teilen. Mit einer kleinen Prise tabel bestäuben und mit Salz und Pfeffer abschmecken. Das Fleisch von allen Seiten mit den Gewürzen bestreuen.

Olivenöl in einem großen Topf erhitzen. Fleischstücke in das heiße Öl geben. Goldbraun anbraten und dabei mit einem Holzlöffel umrühren, damit das Fleisch nicht am Topfboden klebt.

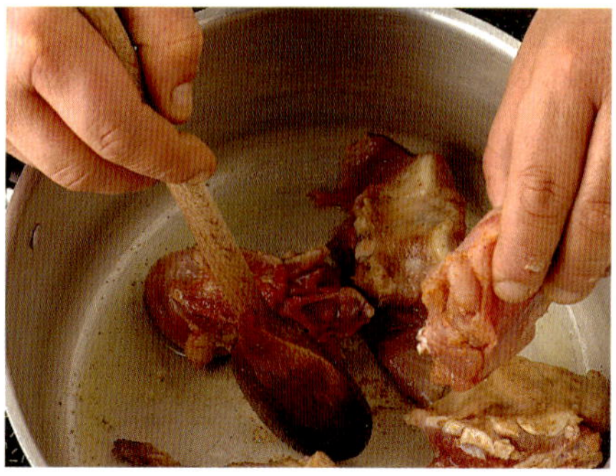

Kaninchenteile herausnehmen. Knoblauch und Zwiebeln schälen und hacken. Tomaten zerdrücken. Diese Gemüsesorten zusammen mit dem Tomatenmark in den Topf füllen und ein halbes Glas Wasser zugießen. Nach Belieben mit tabel würzen. Kurz köcheln lassen.

Ragout

Die angebratenen Kaninchenstücke in die Sauce legen. Wasser zugießen, bis sie bedeckt sind. Deckel auflegen und alles je nach Größe der Fleischteile 30–45 Minuten köcheln lassen.

Kartoffeln schälen und in sehr dünne Scheiben schneiden. In heißem Fett frittieren, bis sie die Konsistenz von Chips erreichen. Mithilfe eines Schaumlöffels herausnehmen und auf Küchenpapier abtropfen lassen.

Wenn das Kaninchen gar ist, der Sauce etwas Essig hinzufügen. Abschmecken. Kaninchen mit Sauce auf einen Teller geben, mit gehackter Petersilie bestreuen. Kartoffelscheiben rundherum anrichten.

Tunesisches

Vorbereitungszeit: *30 Minuten*
Garzeit: *50 Minuten*
Schwierigkeitsgrad: ★★

Für 4 Personen

2	Eier
200 g	Kartoffeln
100 g	Zwiebeln
50 g	Knoblauch
50 g	glatte Petersilie
500 g	Rinderhackfleisch

1 Prise	*tabel* (Mischung aus Koriander, Kümmel, Knoblauch und Chili)
25 ml	Olivenöl
250 ml	Pflanzenöl zum Frittieren
100 g	Tomatenmark
	Salz und Pfeffer
½	sauer eingelegte Zitrone
25 g	Kapern
4	grüne Paprika

Wenn Ali Matri dieses typische Gericht aus Tunis zubereitet, ersetzt er die scharfen Würstchen *merguez* durch kleine längliche Frikadellen aus Rinderhackfleisch, die er selbst herstellt. Früher wurden sie speziell für den Festtag *Aïd el Kébir* aus Lammstückchen gemacht. In unserem Rezept verändert die würzige Tomatensauce den Geschmack des Rinderhackfleischs nicht, würde jedoch das feine Aroma von Lammfrikadellen übertönen.

Unser Küchenchef würzt das Hackfleisch mit einer tunesischen Mischung namens *tabel*. Köche mischen dafür ¾ getrocknete Koriandersamen mit getrocknetem Knoblauch, Paprikapulver und Chili. Diese berühmte Gewürzmischung passt besonders gut zu Rindfleisch. Bei der Herstellung der Frikadellen sollten Sie die Hände stets feucht halten, damit das Fleisch nicht klebt und die Oberfläche schön glatt wird.

Die Tunesier verwenden beim Kochen von Saucen oft Safran zum Aromatisieren und Färben. Braten Sie das Tomatenmark nicht direkt in Öl an, da es sonst schädliche Stoffe freisetzen kann. Mischen Sie es vorher mit Bouillon, Wasser oder Fleischsaft.

Am Ende der Garzeit fügen Sie einige Zesten der sauer eingelegten Zitrone hinzu. Tunesier stellen auch gern selbst in Salz eingelegte Zitronen her. Am besten gelingt dies mit den an den Enden länglichen, stark duftenden Winterzitronen. Diesem Gericht verleiht die Zitrone eine leicht herbe Note. Sie sollte allerdings nicht in der Sauce mitkochen, da sie sonst den Geschmack dominiert.

Im traditionellen Rezept werden die Kartoffeln zunächst frittiert, bevor sie in der Sauce köcheln. Ali Matri empfiehlt, sie erst direkt vor dem Servieren zu frittieren und dann rund um die Frikadellen anzurichten.

Die Eier 10 Minuten kochen. Kartoffeln schälen, in Scheiben schneiden und beiseite stellen. Zwiebeln und Knoblauch schälen, Knoblauch zerdrücken, Zwiebeln und Petersilie hacken. In einem Topf mit den Fingern Hackfleisch, Zwiebeln, 25 g Knoblauch und Petersilie vermengen.

Die Fleischmasse salzen und pfeffern. Mit tabel bestreuen, verrühren. Ein wenig Olivenöl in einer Pfanne erhitzen.

Hände mit kaltem Wasser befeuchten. Jeweils aus etwas Fleischmasse kleine längliche Frikadellen formen.

Frikadellen-Ragout

Die Frikadellen in heißem Olivenöl von allen Seiten braten. Aus der Pfanne holen und beiseite stellen.

25 g gehackten Knoblauch und das Tomatenmark in die Pfanne geben. Bei geringer Hitze anbraten und ein Glas Wasser zugießen. Mit einem Holzlöffel den Bratensatz vom Pfannenboden lösen. Köcheln lassen, damit der saure Geschmack der Tomaten gemildert wird.

Frikadellen in die Sauce legen. Salzen, etwas Wasser zugießen, 30 Minuten kochen. Zitronenzesten und Kapern hinzufügen. Kartoffelscheiben frittieren. Frikadellen mit Sauce anrichten. Mit Zitronenschalen- und Paprikastreifen, Eierscheiben, Kartoffeln und gehackter Petersilie garnieren.

Kalbsragout

Vorbereitungszeit: *20 Minuten*
Garzeit: *1 Stunde 25 Minuten*
Schwierigkeitsgrad: ✯

Für 4 Personen

600 g	Kalbfleisch vom Hals ohne Knochen
	Salz
	Pfeffer
10 g	gemahlener Koriander
2	Zwiebeln

50 ml	Olivenöl
2	Knoblauchzehen
10 g	edelsüßes Paprikapulver
100 g	Tomatenmark
200 g	grüne Oliven
1 Schuss	Weißweinessig

Die in Tunesien *zitoun* genannten Oliven köcheln in der Tomaten-Zwiebel-Sauce und verleihen diesem Kalbsragout seine besondere Note. Je nach Geschmack kann das Rezept mit Kalb-, Rind-, Hähnchen- oder Lammfleisch zubereitet werden. Für die Sauce verwendet unser Küchenchef generell grüne Oliven, die naturbelassen oder gefüllt sind und erst am Ende der Garzeit hinzugefügt werden. Mohamed Boussabeh vermeidet schwarze Oliven, da diese zu kräftig schmecken und das Aroma der übrigen Zutaten dominieren würden.

Die tunesische Landschaft wird von den rund sechzig Millionen Olivenbäumen deutlich geprägt. Ende des 20. Jahrhunderts lieferten diese Bäume etwa 711 000 Tonnen Oliven pro Jahr, die größtenteils zu Öl verarbeitet wurden. Die Früchte reifen Anfang November. Zum Ernten legt man große Tücher auf den Boden, schüttelt die Zweige und sammelt dann die Oliven auf.

Frisch geerntete Oliven sind noch hart und bitter. Man muss sie in Salz einlegen, damit sie den gewohnten Geschmack bekommen. Die Tunesier verfügen über eine große Anzahl an Olivenvariationen, die man für dieses Gericht verwenden kann: zum Beispiel in Salz oder Lake eingelegte Oliven, mit Harissa oder rotem Paprikapulver. Sie können auch mit Rindfleisch oder Sardellen gefüllte Oliven wählen.

Achten Sie darauf, dass die Sauce nicht zu salzig gerät. Einen Großteil des für dieses Rezept benötigten Salzes liefern die Oliven. Je nach Wunsch können Sie das Kalbfleisch vom Hals auch durch ein Stück aus der Schulter ersetzen. Wenn das Fleisch mit dem Tomatenmark verrührt wurde, kann man einige Olivenscheiben hinzufügen, bevor das Wasser zugegeben wird und das Gericht köchelt. So erhält die Sauce einen noch intensiveren Geschmack.

Auf einem Schneidebrett das Kalbfleisch in gleichmäßig große Würfel von etwa 50 g Gewicht schneiden.

Das Fleisch salzen, pfeffern und mit gemahlenem Koriander bestreuen.

Die Zwiebeln schälen und in Ringe schneiden. Olivenöl in der Pfanne erhitzen. Zwiebelringe im heißen Öl anbraten.

mit Oliven

Wenn die Zwiebelringe goldgelb werden, das gewürzte Fleisch hinzufügen. Anbraten und 5 Minuten köcheln lassen.

Knoblauch schälen und zerdrücken. Paprikapulver, Tomatenmark und Knoblauch zum Fleisch geben. Rühren, bis eine homogene Sauce entsteht. Ein Glas Wasser zugießen. Zugedeckt 1 Stunde köcheln lassen.

Inzwischen die Oliven entsteinen und in Scheiben schneiden. Wenn das Kalbfleisch gar ist, die Olivenscheiben hinzufügen und umrühren. Weitere 15 Minuten garen. Direkt vor dem Servieren einen Schuss Essig in die Sauce gießen.

Desserts & Gebäck

Pinienkerncreme

Vorbereitungszeit: *30 Minuten*
Einlegezeit der Pinienkerne: *1 Nacht*
Garzeit: *30 Minuten*
Schwierigkeitsgrad: ★

Für 6 Personen

Pinienkerncreme:

550 g	Pinienkerne
500 g	Mehl
500 g	Zucker

Weiße Creme:

1 l	Milch
4 EL	Maisstärke
4	Eier
125 g	Zucker
etwas	Geranienblütenwasser

Zum Garnieren:

30 g	Pistazien ohne Schale
30 g	Haselnüsse
30 g	Mandeln (nach Belieben)

Früher wurden die *assida* genannten Cremes bei großen Festen serviert – vor allem zur Feier der Geburt des Propheten und an dem moslemischen Feiertag *Aïd el Kébir*. Die Basis für die Süßspeise ist immer dieselbe: eine Mischung aus Pinienkernen, Haselnüssen, Mandeln oder Walnüssen, die gemahlen, mit Wasser verrührt und anschließend gefiltert werden. Angedickt wird die Creme mit Mehl oder Stärke. Dazu gibt es eine weiße Creme, die mit Geranien- oder Orangenblütenwasser parfümiert wird. Der Begriff *assida* steht auch noch für eine dickere, schwere Masse, die morgens gegessen wird.

Für seine *assida zgougou* bevorzugt Mohamed Boussabeh kleine dunkle Pinienkerne. Tunesische Köche verwenden zwei verschiedene Arten: große weiße Pinienkerne, die etwas ölig sind, *bondok* genannt werden und von der Pinie stammen, sowie kleine schwarze *zgougou*, die Samen der Aleppokiefer.

Unser Küchenchef hat die Pinienkerne zuvor in der Pfanne geröstet, damit er den Bräunungsgrad leichter kontrollieren kann. Sie können die Kerne aber auch im Ofen rösten. Anschließend werden die Pinienkerne lange in Wasser eingelegt, damit sie ihr gesamtes Aroma entfalten.

Wenn Sie die Pinienkernflüssigkeit abseihen, sollten Sie die Masse mit dem Stiel eines Kochlöffels zerstoßen, um möglichst viel Aroma zu erhalten. Falls die Creme beim Kochen zu sehr am Topf klebt, können Sie etwas kaltes Wasser zugießen. Schlagen Sie die Creme mit einem Schneebesen, bis sie dickflüssig und glatt ist.

Füllen Sie die braune Pinienkerncreme dann in Schalen, bis diese zu drei Viertel voll sind. Darauf wird dann etwas weiße Creme gegossen. Garnieren Sie dieses Dessert je nach Belieben mit gehackten Pistazien, weißen Pinienkernen, Haselnüssen oder Mandeln.

Für die braune Creme am Vortag die Pinienkerne in einer Pfanne ohne Öl rösten, sodass sie trocknen und einen intensiveren Geschmack bekommen.

Geröstete Pinienkerne sowie 2 l Wasser nach und nach in eine Küchenmaschine füllen und zu einer sehr feinen Paste verarbeiten. In eine Schüssel füllen und 8–12 Stunden kalt stellen.

Nach der Einlegezeit die Masse mithilfe einer Schöpfkelle durch ein feines Sieb in eine große Schüssel gießen.

Das Mehl sieben und mithilfe eines Schneebesens portionsweise in die Creme einrühren. Zucker hinzufügen, umrühren. In einem Topf kochen, bis die Creme dick wie Kuchenteig ist. In Schalen füllen und abkühlen lassen.

Für die weiße Creme 750 ml Milch zum Kochen bringen. In einer Schüssel 250 ml kalte Milch mit der Stärke, den Eiern, dem Zucker und Geranienblütenwasser verrühren.

Die Mischung in die warme Milch gießen und verquirlen. Köcheln lassen, bis eine glatte Creme entstanden ist. Mit einem Löffel die weiße Creme in die Schalen mit der Pinienkerncreme füllen. Abkühlen lassen. Mit gehackten Pistazien und Haselnüssen bestreuen.

Bey-Baklava

Vorbereitungszeit: *20 Minuten*
Garzeit: *10 Minuten*
Schwierigkeitsgrad: ✭

Für 4 Personen

150 g	Zucker
1 Tütchen	Vanillezucker
20 ml	Rosenblütenwasser
350 g	gemahlene Mandeln
½ TL	grüne Lebensmittelfarbe
½ TL	rote Lebensmittelfarbe

Die *Bey*-Baklava ist ein typisch tunesisches Dessert, das sich deutlich von der traditionellen türkischen Baklava unterscheidet. Der Name dieser Süßspeise ist eine Anspielung auf die Anwesenheit der Osmanen im Land.

Im 19. Jahrhundert regierten in Tunesien die so genannten *Beys*, nach denen dieses dreifarbige Dessert benannt ist. Im Laufe der Jahre hat sich dessen Herstellung jedoch stark verändert. Ursprünglich bestand Baklava aus Teigschichten auf der Grundlage von Mandeln, Pistazien und Haselnüssen. Die Variante, die wir Ihnen hier präsentieren, wird in Rautenform geschnitten.

Für diese im Nu zubereitete Spezialität werden heute nur noch Mandeln verwendet. Diese Früchte haben eine dicke, grüne und samtige Schale, die ein oder zwei Mandeln enthält. Man isst sie frisch oder geröstet und verwendet sie zur Herstellung von Kuchen und anderen Süßwaren.

Im Laufe der Zeit sind die Haselnüsse und Pistazien aus dem Rezept verschwunden. Um dennoch drei unterschiedliche Farben zu erhalten, verwenden die Tunesier Lebensmittelfarben auf pflanzlicher Basis. Sogar in der Antike wurden diese bereits zum Färben von Speisen eingesetzt. Diesen Zweck erfüllte vor vielen hundert Jahren auch schon der Safran.

Damit der Sirup seinen charakteristischen Geschmack erhält, fügt unser Küchenchef etwas Rosenblütenwasser hinzu. Es wird aus einer sehr kleinen Rosenart aus Damaskus gewonnen, deren Blütenblätter man destilliert. Vielen orientalischen Gerichten verleiht das Rosenwasser sein feines Aroma.

Wenn Sie *Bey*-Baklava wie die Tunesier genießen möchten, sollten Sie einen Pfefferminztee und Pinienkerne dazu servieren.

Für den Sirup Zucker, Vanillezucker, Rosenblütenwasser und 100 ml Wasser 10 Minuten kochen.

Das Mandelmehl sieben und in eine Schüssel geben. Den Sirup zugießen und umrühren. Mit den Händen kneten, bis eine einheitliche Teigmasse entsteht.

Die Masse in drei gleiche Stücke teilen. Einen Teil mit der grünen Lebensmittelfarbe einfärben und mit den Händen verkneten. Einen anderen Teil rot färben und kneten. Den dritten Teil der Mandelmasse unverändert lassen.

Die drei Teigstücke jeweils zu einer Wurst formen und mit einem Nudelholz ausrollen. In gleichmäßig große Quadrate schneiden.

Jeweils drei verschiedenfarbige Teigquadrate übereinander legen: unten rosafarben, in der Mitte naturbelassen und oben grün.

In etwa 3 cm lange, gleichmäßige Rauten schneiden. Die Bey-Baklawa auf einer Platte anrichten.

Pistazienpudding

Vorbereitungszeit: *10 Minuten*
Garzeit: *10 Minuten*
Schwierigkeitsgrad: ✯

Für 4 Personen

150 g Pistazien ohne Schale
1 Dose gesüßte Kondensmilch
3 EL Maisstärke

Zum Garnieren:
gemahlene Pistazien
Pinienkerne
Haselnüsse

Diese puddingartige Süßspeise mit Pistazien kann auch als Getränk genossen werden. Sie wird häufig während des Ramadan zur Beendigung des Fastens serviert. Man kann den *bouza* genannten Nachtisch rasch verzehren und nimmt damit in der Fastenzeit viele Kalorien auf einmal zu sich. Der Pistazienpudding wird aber auch zu anderen Anlässen gereicht, wie zum Beispiel bei Heiratsanträgen, wenn sich die Männer der beiden Familien treffen. Nachdem die Formalitäten geklärt sind und Einigkeit erzielt wurde, serviert die Herrin des Hauses zur Feier des Tages diese berühmte Süßspeise. *Bouza* fungiert so als Ehrenbezeigung und Zeichen großer Wertschätzung. Die Pistazie ist eine besonders raffinierte Trockenfrucht, die für viele orientalische Backwaren verwendet wird – wie zum Beispiel für Baklava-Varianten oder mit Honig übergossene Teigrollen. Pistazien stammen aus Syrien, werden jedoch auch im Irak, im Iran und in Tunesien angepflanzt.

Gesüßte Kondensmilch ist typisch für heiße Länder. Sie ist lange haltbar, und in Ländern, in denen die Kühlkette oft nicht gewährleistet werden kann, vor allem in Afrika, war diese Art von Kondensmilch früher ein idealer Ersatz für frische Milch. Zudem gibt es in manchen Regionen nur wenige Milchkühe.

Manchmal wird in die Mitte der *bouza*-Dekoration eine Haselnuss gesetzt. Diese wird in Tunesien *bellouza* genannt und findet ebenfalls in vielen Rezepten Verwendung.

Die Pistazien 3–5 Minuten unter dem Backofengrill rösten. Sie müssen dabei grün bleiben. In der Küchenmaschine grob hacken.

Gesüßte Kondensmilch und dreimal so viel Wasser hinzufügen.

3 Esslöffel Maisstärke zugeben. Erneut auf höchster Stufe mixen.

Die Masse unter ständigem Rühren aufkochen, bis sie eindickt.

Den Pistazienpudding gleichmäßig auf Schälchen oder Gläser aufteilen.

Abwechselnd mit gemahlenen Pistazien, Pinienkernen und Haselnüssen garnieren und warm servieren.

Paradiesgebäck

Vorbereitungszeit: *10 Minuten*
Garzeit: *10 Minuten*
Schwierigkeitsgrad: ✭

Für 4 Personen

100 g	Mehl
3	große Eier
1	Zitrone
200 g	Zucker
1 EL	Geranienblütenwasser
	Pflanzenöl zum Frittieren

Zum Garnieren:
Sesamsaaten

In Monastir ist das als *chebbak el janna* bekannte Gebäck besonders beliebt. Man versammelt sich hier gern am Nachmittag, um im Schatten über das Leben zu philosophieren. In Tunesien wie auch in den anderen Ländern des Maghreb sind Tee und Gebäck immer Bestandteil solcher nachbarlichen Schwätzchen. Das berühmte Paradiesgebäck wird überall stets gern gegessen.

Die Kekse sind ganz rasch zubereitet und können auch kurzfristig gebacken und angeboten werden. Unser Küchenchef empfiehlt, die Form nicht komplett in den Teig einzutauchen. Die Plätzchen lassen sich leichter lösen, wenn sie im Öl sind. Mit einem Messer können Sie die Ränder des Gebäcks anheben, damit es sich besser aus der Form nehmen lässt und gleichmäßiger frittiert wird.

Das Gebäck erhält sein besonderes, feines Aroma durch das beliebte Geranienwasser (*atarchiya*), das aus den rosa Geranienblüten destilliert wird. Diese Pflanze stammt aus Südafrika, wird jedoch auch in Tunesien in der Gegend von Nabeul angebaut. Die schönen Blüten in leuchtenden Farben verströmen einen betörenden Duft. In Tunesien werden viele verschiedene Backwaren mit Blütenwasser aromatisiert, wie zum Beispiel das süße Couscousgericht *masfouf*.

Die poetische, arabische Bezeichnung für dieses Gebäck, *chebbak el janna*, lautet übersetzt »Paradiesfenster« – und in der Tat verspricht es einen wahrhaft himmlischen Genuss! Hier werden orientalisch anmutende Ausbackförmchen in Arabeskenform verwendet. Sie können aber natürlich auch beliebig andere Förmchen verwenden.

Je nach Geschmack können Sie die Plätzchen auch mit gehackten Mandeln oder Schokoladenraspeln bestreuen. Manchmal wird das Paradiesgebäck auch mit Honig übergossen. Reichen Sie dazu Tee.

Das Mehl in eine Schüssel sieben. Eier darüber schlagen und umrühren. Saft einer halben Zitrone auspressen und beiseite stellen.

Aus 200 g Zucker und 100 ml Wasser Sirup kochen. Zitronensaft zugießen. Bei starker Hitze kochen. Den Sirup beiseite stellen.

Dem heißen Sirup Geranienblütenwasser hinzufügen.

Die Formen zuerst in das heiße Öl und dann in den Teig tunken, ohne sie ganz unterzutauchen. Sofort die Formen mit dem Teig in das Öl halten. Das Gebäck sollte sich leicht aus der Form lösen.

Das fertige, goldbraune Gebäck in den heißen Sirup tauchen. Abkühlen lassen.

Mit leicht in der Pfanne angeröstetem Sesam bestreuen. Mindestens drei Kekse pro Person servieren.

Honiggebäck

Vorbereitungszeit: 40 Minuten
Garzeit: 20 Minuten
Ruhezeit des Teigs : 30 Minuten
Vorbereitungszeit: ⁎⁎

Für 4 Personen

100 g	Mehl
1	Ei
2 TL	Stärke
	Öl zum Frittieren

Honigsirup:

½	Zitrone
50 g	Honig
250 g	Zucker
10 ml	Orangenblütenwasser
1 TL	Stärke

Zum Garnieren:

Sesamsaaten
gemahlene Pistazien

Man kennt das: Die besten Rezepte entstehen oft dann, wenn sich überraschend Besuch anmeldet und aus den Zutaten, die gerade zur Hand sind, auf die Schnelle etwas zubereitet werden muss. In solchen Fällen sind Talent und Fantasie gefragt. Ob sich Frau Boccara an jenem Tag wohl vorstellen konnte, dass ihre Kreation ein fester Bestandteil der tunesischen kulinarischen Tradition werden würde? Als sie unter Zeitdruck in der Küche stand, dachte sie bestimmt nicht daran.

Diese italienische Großmutter lebte in der Toskana und wollte für unerwartete Gäste etwas zubereiten. Zu ihren bescheidenen Vorräten zählten Eier und Mehl. Mit diesen Grundzutaten stellte sie einen Teig her und gab ihm eine originelle Form. Die entstandenen Krapfen frittierte sie in Öl.

Da Frau Boccara der Ansicht war, dass das Gebäck etwas trocken schmeckte, kam sie auf die geniale Idee, es mit Honig zu übergießen. So entstanden Anfang des 19. Jahrhunderts die *manicotti*.

Wie viele andere italienische Juden auch zogen einige Jahre später Frau Boccaras vier Töchter nach Tunesien. Das Familienrezept wurde variiert, indem man Orangenblütenwasser unter den Honig rührte oder die fertigen *manicotti* mit Sesam oder gemahlenen Pistazien bestreute.

Die gesamte jüdische Gemeinde in Tunis übernahm das Rezept, sodass es zu einem festen Bestandteil der kulinarischen Tradition Tunesiens wurde. Auf Arabisch wird es *debla* oder *wednin el kadhi* (»Richterohr«) genannt.

Debla sind bei den Tunesiern sehr beliebt und werden vor allem bei Familientreffen serviert. Frau Boccara wäre sicher stolz, wenn sie wüsste, dass ihre spontane Kreation auch nach so langer Zeit noch derart bekannt ist.

Ei und Mehl in einer Schüssel zu einem Teig verrühren.

Mit den Händen den Teig glatt kneten. Wenn der Teig klebt, etwas Mehl hinzufügen. In ein trockenes Tuch einwickeln und 30 Minuten ruhen lassen.

Die Arbeitsfläche mit 1 Teelöffel Stärke bestäuben. Den Teig darauf kneten und zur Kugel formen. Weiterkneten und mit Stärke bestäuben. Mit einem Nudelholz den Teig ausrollen und dabei mehrfach wenden. Sehr dünn durch eine Nudelmaschine drehen.

Den Teig in lange Streifen schneiden. Für den Sirup eine halbe Zitrone auspressen. Zusammen mit Honig, Zucker, Orangenblütenwasser, Stärke und 300 ml Wasser zum Kochen bringen.

Das Ende eines Teigstreifens zwischen Zeige- und Mittelfinger festhalten. Den Teigstreifen um die Finger wickeln.

Das Gebäck vorsichtig in heißes Frittieröl legen. Mit einem Schaumlöffel wenden. Das Gebäck abtropfen lassen und in den Honigsirup tauchen. Einige Teile mit Sesam, andere mit gemahlenen Pistazien garnieren oder so belassen.

Kichererbsenröllchen

Vorbereitungszeit: *35 Minuten*
Kühlzeit für den Teig: *30 Minuten*
Garzeit: *20 Minuten*
Schwierigkeitsgrad: ✭

Für 4 Personen

150 g	Butter
80 g	Mehl
250 g	Kichererbsenmehl (ersatzweise Sorghum)
100 g	Puderzucker
1 EL	Pflanzenöl

Ein bekanntes tunesisches Gebäck heißt *ghrïba homs*. Diese Spezialität ist hauptsächlich in der Gegend von Tunis sehr beliebt und wird mit Kichererbsenmehl zubereitet. Man isst sie vor allem anlässlich *Aïd el Ftir*, wenn während des Ramadan das Fasten gebrochen wird.

Diese kleinen Küchlein zu backen ist nicht ganz einfach. Viele tunesische Frauen stellen deshalb nur den Teig her und bringen ihn auf einem Backblech zum nächsten Bäcker. Mohamed Korbi berichtet, dass man dann in den Straßen von Tunis ein wahres Schauspiel erleben kann: *»Die Warteschlangen vor den Bäckereien nehmen kein Ende. Jeder hält noch ein Schwätzchen und tauscht Neuigkeiten aus. In der Luft liegt der Duft der ghrïba homs, der schon das kommende Fest ankündigt.«*

Für das süße Gebäck mit dem charakteristischen Geschmack ist das Mehl aus Kichererbsen (*homs*) besonders wichtig. Die Hülsenfrucht stammt aus Westasien und ist Bestandteil vieler orientalischer Gerichte. Sie benötigt ein trockenes, heißes Klima und wird im Mittelmeerraum angepflanzt. Die runden, beigefarbenen Früchte haben einen leichten Nussgeschmack. Unser Küchenchef erklärt, dass man den Teig auch mit Sorghum herstellen kann, das in Tunesien ebenfalls sehr beliebt ist.

Nicht nur der Backvorgang, sondern aber auch das Bräunen der Butter muss gut überwacht werden. Sie darf auf keinen Fall zu dunkel werden. Unser Küchenchef empfiehlt, zu dem Gebäck Orangensauce zu reichen.

Die Butter bei geringer Hitze in einem Topf zerlassen. Die Molke abschöpfen und die Butter bräunen, bis sie eine haselnussbraune Farbe angenommen hat.

Weißes Mehl, Kichererbsenmehl und Puderzucker getrennt sieben.

In einer Schüssel die beiden Mehlsorten, den Puderzucker und die gebräunte Butter miteinander verkneten.

Den Teig mit den Händen kneten, bis eine krümelige Masse entsteht. Dann mit den Händen anwärmen.

Auf der Arbeitsfläche aus dem Teig Rollen von etwa 15 mm Durchmesser formen.

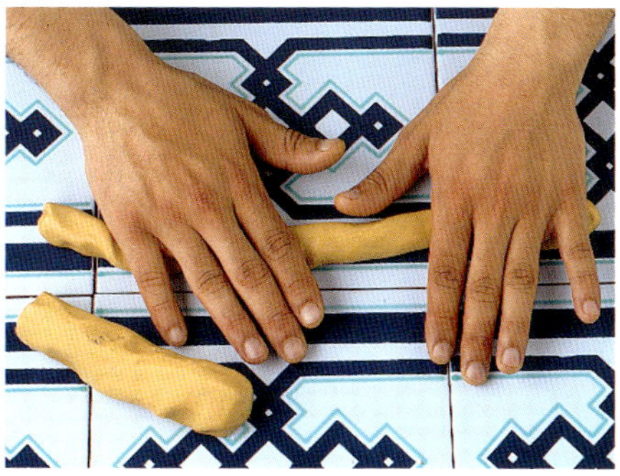

Mit einem Messer schräge, etwa 5 cm lange Stücke abschneiden. Die Röllchen 30 Minuten in den Kühlschrank stellen. 15–20 Minuten bei 130 °C im Ofen backen. Abkühlen lassen und auf einem Teller anrichten.

Mandel-Grieß-Dessert

Vorbereitungszeit: *1 Stunde*
Ruhezeit für den Grieß: *20 Minuten*
Garzeit: *15 Minuten*
Schwierigkeitsgrad: ✯

Für 4 Personen

1 kg	grober Grieß
200 g	Butter
500 ml	Milch
500 g	Datteln
250 g	*chamia* (Sesam-Öl-Creme) oder Honig
250 g	Zucker
500 g	geschälte Mandeln

Zum Garnieren:

200 g	Walnüsse
200 g	Pistazien
200 g	Mandeln

Das Mandel-Grieß-Dessert (*h'rissa hloua*) ist hauptsächlich im Nordwesten und Süden Tunesiens bekannt. Es besteht aus Grieß, Mandeln, Datteln, Pistazien und der Sesamcreme *chamia* und ist besonders bei Kindern sehr beliebt.

Vorsicht ist hier vor allem beim Grieß geboten, der auf keinen Fall anbrennen darf. In manchen Familien wird der Zucker durch Honig ersetzt und erst am Ende untergerührt. Unser Küchenchef empfiehlt, den Grieß beim Kneten mit Orangenblütenwasser zu aromatisieren. Beachten Sie, dass man dieses Dessert nicht länger als zwei Tage aufbewahren kann.

Warum für dieses Rezept aus dem Nordwesten des Landes *chamia* verwendet wird, ist unserem Küchenchef ein Rätsel. Denn diese Creme aus Öl und zerstampften Sesamsaaten stammt ursprünglich aus der Türkei. Sie verdankt ihren Namen dem Land Cham in Syrien, wo sie hergestellt wird. Die *chamia* kann für dieses Rezept gut durch Honig ersetzt werden.

Die Datteln sind hingegen aus diesem Rezept nicht wegzudenken. In dem Land der Palmen und Oasen sind sie ein unverzichtbarer Bestandteil der kulinarischen Tradition. Wenn möglich, sollten Sie für diese Süßspeise *deglet el nour*, Datteln aus Tunis, verwenden. Aufgrund ihrer leicht bernsteinfarbenen Transparenz werden sie auch als Datteln der Sonne und des Lichts bezeichnet.

Das Mandel-Grieß-Dessert eignet sich hervorragend als Nachtisch zu einem Glas Pfefferminztee.

Den Grieß unter ständigem Rühren in einer Pfanne etwa 10 Minuten rösten.

In einem Topf 180 g Butter zerlassen. Milch aufkochen. Erst die geschmolzene Butter, dann die Milch zum Grieß geben, umrühren.

Die Datteln entsteinen und in Streifen schneiden. Grießtopf vom Herd nehmen, Datteln, chamia, Zucker und gemahlene Mandeln hinzufügen. 20 Minuten ruhen lassen.

Die Masse verkneten, bis ein einheitlicher Teig entsteht.

Mit der restlichen Butter das Backblech oder den Boden einer Springform einfetten. Den Teig mithilfe eines Teigschabers darauf verteilen.

Mit den Walnüssen, Pistazien und halbierten Mandeln dekorieren. In Rauten schneiden und auf einer Platte anrichten.

Nusshappen

Vorbereitungszeit: *50 Minuten*
Garzeit: *50 Minuten*
Schwierigkeitsgrad: ✮

Für 4 Personen

50 g	Haselnüsse
150 g	geschälte Mandeln
50 g	Walnüsse
25 g	Pistazien
25 g	Pinienkerne
1 EL	Pflanzenöl

Sirup:

½	Zitrone
150 g	Zucker
1 Tütchen	Vanillezucker

Zum Garnieren:

gemahlene Pistazien
Pinienkerne

In Tunesien hat das Dessert *jaouia* einen besonderen Stellenwert. Es gilt als Luxussüßspeise und soll der Legende nach die Lieblingsleckerei der *Beys* gewesen sein. Dieses Symbol des Überflusses auf der Grundlage von Trockenfrüchten wird heute hauptsächlich für Hochzeiten zubereitet.

Schon die alten Ägypter, Griechen und Römer schätzten Trockenfrüchte sehr. Sie liefern viel Energie und haben hochwertige Inhaltsstoffe. Neben ihrem natürlichen Zuckergehalt sind sie reich an Kohlenhydraten, Vitaminen, Mineralstoffen, Fetten und sogar Eiweißen.

Walnüsse dienen vor allem als Dekoration für orientalisches Gebäck, werden bei diesem Rezept jedoch auch als Zutat verwendet. Wenn Sie die trockenen Nüsse ein wenig auffrischen möchten, können Sie sie einige Stunden in heiße Milch einlegen. Die Haut löst sich dann von selbst, und die Nüsse werden weicher. Für dieses Rezept müssen die Nüsse gehackt werden. Verwenden Sie dazu möglichst keine Küchenmaschine, da damit das Aroma des Öls teilweise verloren geht.

Für diese Süßspeise werden auch Haselnüsse verwendet, die sich durch ihren besonders feinen Geschmack auszeichnen. Sie sind rund oder leicht eiförmig und von einer harten Schale umgeben. Wenn sie aus der Schale gelöst sind, müssen Haselnüsse luftdicht verschlossen aufbewahrt werden, damit sie nicht ranzig werden. Sie werden im Ganzen oder gemahlen verwendet.

Durch den geschmolzenen Zucker, der mit den Nüssen vermischt wird, erinnert *jaouia* an Krokant. Diese tunesische Spezialität liefert viel Energie und ist vor allem bei Kindern sehr beliebt.

Die verschiedenen Nüsse und Trockenfrüchte einzeln vorbereiten und bei 140 °C im Backofen rösten: die Haselnüsse etwa 20 Minuten, die Mandeln 15 Minuten und die Walnüsse 5 Minuten. Die Haut von den gerösteten Nüssen entfernen.

Mit einem Nudelholz die Mandeln, Walnüsse, Haselnüsse, Pistazien und Pinienkerne grob zerkleinern. Die halbe Zitrone auspressen, und den Saft für den Sirup beiseite stellen.

Für den Sirup Zucker, Vanillezucker und 100 ml Wasser zum Kochen bringen. Zitronensaft zugießen. Ein Messer in kaltes Wasser tauchen, etwas Zuckerwasser entnehmen, dann die Klinge wieder in das kalte Wasser tauchen. Am Finger muss der Zucker eine Perle bilden.

Den Sirup auf die zerkleinerten Nüsse gießen und mit einem Holzlöffel rühren.

Die Arbeitsfläche und das Nudelholz leicht einölen und die Nuss-Sirup-Mischung ausrollen. Den Vorgang auf einem Backblech wiederholen.

Die jaouia in lange Streifen schneiden und diese in Quadrate unterteilen. Die Quadrate vorsichtig in gemahlene Pistazien drücken und mit einem Pinienkern garnieren. Die Nusshappen auf einer Platte anrichten.

Mandelkugeln

Vorbereitungszeit: *10 Minuten*
Garzeit: *10 Minuten*
Schwierigkeitsgrad: ✭

Für 4 Personen

300 g	gemahlene Mandeln
150 g	Zucker
1 Tütchen	Vanillezucker
20 ml	Rosenblütenwasser
½ TL	grüne Lebensmittelfarbe
½ TL	rosa Lebensmittelfarbe

Zum Garnieren:
Zucker
Pinienkerne (nach Belieben)

Auf Arabisch heißen die Mandelkugeln *kâber ellouz*. Die Geschichte dieser einfach zubereiteten Süßspeise könnte ein Märchen aus Tausendundeiner Nacht sein.

Der Legende nach hatte vor langer Zeit ein böser Geist die Datteln der Tunesier gestohlen. Der Sultan, der damals regierte, war ein grausamer Mann. Nur mit Gebäck konnte man ihn milde stimmen. Von Tag zu Tag wurde der Vorrat an Datteln kleiner. Eine der Köchinnen wollte die Geschmacksnerven des Sultans überlisten und rollte kleine Kugeln aus Mandeln, Pistazien und Haselnüssen. Als der Sultan den Betrug bemerkte, ließ er die Frau köpfen. Aus Angst, dasselbe Schicksal könnte sie ereilen, warf eine andere Köchin die restlichen Kugeln in einen Sack mit Zucker. So entstanden die *kâber ellouz*.

In Tunesien wird diese Leckerei vor allem zu großen Festen, Verlobungsfeiern, Hochzeiten und Beschneidungen gereicht. Wie bei vielen anderen Süßspeisen sind auch hier die Mandeln die wichtigste Zutat. Mandelbäume werden hauptsächlich in der Gegend von Sfax angepflanzt und haben schöne, weiße Blüten. Die ersten Mandeln schmecken süß, frisch und sehr aromatisch. In getrocknetem Zustand verwendet man sie im Ganzen, gehackt oder gemahlen zur Herstellung von Cremes, Kuchen, Pralinen oder Gebäck aller Art.

Der Legende nach rettete der Zucker der zweiten Köchin das Leben. Diese süße Substanz findet sich in den Blättern, Stängeln oder Wurzeln zahlreicher Pflanzen. In Nordafrika gewinnt man ihn aus der Dattelpalme. Am gebräuchlichsten ist jedoch der Zucker, der aus Zuckerrohr gewonnen wird. Vor Tausenden von Jahren verwendeten die Asiaten Zucker bereits in Form von Sirup, während Europäer noch ausschließlich Honig benutzten.

Das Mandelmehl sieben.

Für den Sirup Zucker, Vanillezucker und 100 ml Wasser 10 Minuten kochen. Rosenblütenwasser hinzufügen. Den Sirup über die gemahlenen Mandeln gießen. Mit einem Holzlöffel umrühren.

Die Masse mit den Fingern auf der Arbeitsfläche kneten.

Die Mandelmasse in 3 gleiche Stücke teilen. Einen Teil mit der grünen Lebensmittelfarbe einfärben und mit den Händen verkneten. Einen anderen Teil rosa färben und kneten. Den dritten Teil der Mandelmasse unverändert lassen.

Jeden Teil auf der Arbeitsfläche zu einer dünnen Rolle mit etwa 2 cm Durchmesser formen. Die drei Rollen zu einem dreifarbigen Zopf flechten.

Den Zopf in Stücke von ca. 25 g teilen. In der Handfläche zu glatten Kugeln rollen. Die fertigen Kugeln in Zucker wälzen.

Mandel-Nuss-

Vorbereitungszeit: *30 Minuten*
Garzeit: *30 Minuten*
Schwierigkeitsgrad: ☆☆

Für 4 Personen

150 g	Mandeln
150 g	Haselnüsse
50 g	Pinienkerne
500 g	Zucker
1	Zitrone
	Geranienblütenwasser

100 g	Butter
12	*malsouka*-Teigblätter (ersatzweise Filo-Teig)
50 g	Pistazien

Die Mutter unseres Küchenchefs hat ihn zu diesem sehr aromatischen Gebäck inspiriert, das förmlich im Munde zergeht. Die *ourta* gehört zur großen Familie tunesischer Backwaren, deren Mischung aus türkischen, griechischen und andalusischen Einflüssen charakteristisch ist.

Die meisten dieser Leckereien werden in *malsouka*-Blätter eingewickelt. Deren Teig besteht aus Grieß und muss beim Verzehren knusprig und krümelig sein, da er nur wenig Ei und Wasser als Bindemittel enthält. Nach der Fertigstellung erhitzt der Koch auf seinem Kohleofen eine große Kupferplatte und gießt eine kleine Menge des etwas flüssigen Teigs auf die heiße Platte, sodass eine äußerst dünne Schicht entsteht.

Industriell angefertigte *malsouka*-Teigblätter sind für die Herstellung von Gebäck sehr praktisch. Unser Küchenchef bevorzugt jedoch die Eigenproduktion, da er der Meinung ist, die im Handel erhältlichen Teigblätter seien nicht dünn genug und ein wenig zu fest. Er legt außerdem den Boden der Backform mit zwei Teigblättern aus, um dem Kuchen mehr Halt zu verleihen und im Notfall eine Schicht entfernen zu können, falls der Boden zu dunkel gerät.

Ali Matri zerkleinert Mandeln und Haselnüsse nur grob in der Maschine. So bleiben sie schön bissfest. Wenn er den Mandel-Nuss-Kuchen (*ourta*) herstellt, behält er einen Teil der gerösteten Pinienkerne zum Garnieren zurück.

Im Nordosten Tunesiens, auf der Halbinsel Cap Bon, gibt es zahlreiche Orangenbäume und Geranien, die zur Herstellung von Blütenwasser verwendet werden. In diesem Land werden auch zahlreiche andere Essenzen produziert – zum Beispiel auf der Basis von Rosen oder Thymian. Für unser Rezept haben wir den Extrakt von wilden Geranien gewählt. So erhält das Dessert ein raffiniertes Aroma.

Im Grill des Backofens auf dem Backblech nacheinander die Mandeln, die Haselnüsse und die Pinienkerne rösten. Mandeln und Haselnüsse in der Küchenmaschine grob hacken. Pinienkerne nicht zerkleinern.

Zucker und ein Glas Wasser in eine Kasserolle füllen. Saft einer halben Zitrone hinzufügen. Bei starker Hitze kochen, sodass ein Sirup entsteht. Vom Herd nehmen, Geranienblütenwasser zugießen und umrühren.

Das Innere einer Springform mit Butter einpinseln. Den Boden mit einem Teigblatt auslegen und mit zerlassener Butter bepinseln. Ein zweites Blatt darüber legen und ebenfalls mit Butter bestreichen.

Kuchen

Die Teigblätter mit gehackten Nüssen und Trockenfrüchten bestreuen. Einige Pinienkerne zurückbehalten. Ein Teigblatt darüber legen, mit Butter bepinseln, mit Trockenfrüchten bestreuen usw., bis alle Zutaten verbraucht sind. Ein mit Butter bestrichenes Teigblatt obenauf legen.

Den Kuchen bei 180 °C etwa 10 Minuten goldbraun und knusprig backen. Aus dem Ofen holen und mit Geraniensirup übergießen.

Den Kuchen auf eine Servierplatte stürzen, wenn er den ganzen Sirup aufgesaugt hat. Mit gehackten Pistazien und gerösteten Pinienkernen bestreuen.

Chamia-Parfait mit

Vorbereitungszeit: *30 Minuten*
Garzeit: *10 Minuten*
Gefrierzeit: *24 Stunden*
Schwierigkeitsgrad: ⁂

Für 4 Personen

250 ml	Sahne
4	Eier
50 g	Zucker
70 g	*chamia* (Sesam-Öl-Creme) oder Halwa
1	Zitrone
30 g	Sesamsaaten
	Minzeblätter zum Garnieren

Orangensauce:

7	Blutorangen
1 TL	Maisstärke
3 EL	Puderzucker

Dieses Rezept aus der modernen tunesischen Küche unterscheidet sich von klassischen französischen Parfaits. Das typisch orientalische Aroma verleiht die Sesamcreme *chamia*. Da dieses Dessert nicht den landesüblichen Ernährungsgewohnheiten entspricht, zeugt die Kreation unseres Küchenchefs von besonderem Erfindungsreichtum.

Im gesamten Mittelmeerraum ist die industriell hergestellte Paste *chamia* aus Sesam, Zucker und anderen Zutaten weit verbreitet. Manchmal werden Trockenfrüchte, Mandeln, Pistazien oder Haselnüsse hinzugefügt. Bevor Sie die *chamia* für Ihr Parfait verwenden können, müssen Sie sie zerkleinern. Legen Sie die Süßspeise dazu in ein Sieb, das sie auf eine Schüssel stellen, und zerdrücken Sie die Stücke mit der Rückseite eines Löffels.

Wie bei der Herstellung eines Tortenbiskuits muss die Ei-Zucker-Masse im Wasserbad geschlagen werden. Dann nehmen Sie die Schüssel vom Herd und fahren fort, die Masse mit dem Schneebesen zu schlagen, bis sie abgekühlt ist. Anschließend wird zuerst die Sahne, dann die *chamia* in die gut abgekühlte Creme eingerührt, sodass diese ihr Volumen nicht verliert.

Während der Gefrierzeit sollten Sie das Parfait alle drei Stunden mit einer Gabel umrühren. Sie können die Masse in mehrere kleine oder eine große Form füllen.

Am besten wählen Sie für die Orangencreme die Sorte Malteser-Orange – eine Halbblutorange, die von Januar bis April auf der Halbinsel Cap Bon, von Tunis bis Bizerte und in der Gegend von Kairouan geerntet wird. Diese Orange ist saftig und aromatisch und hat eine glatte, leicht rötliche Schale, die sich leicht entfernen lässt, wenn sie reif ist. Normalerweise hat sie keine Kerne. Aber auch andere Sorten, wie beispielsweise die Thompson-Orange, eignen sich für dieses Dessert.

Für das Parfait zunächst die gut gekühlte Sahne in einer Schüssel schlagen.

2 ganze Eier und 2 Eigelb in eine andere Schüssel schlagen. Den Zucker hinzufügen. Die Schüssel in ein heißes Wasserbad stellen und die Masse mit dem Schneebesen schlagen, bis sie heller wird und an Volumen gewinnt.

Vom Herd nehmen und die chamia-Stückchen in die Eiercreme geben. Einige Zesten der Zitronenschale hinzufügen. Vorsichtig unterrühren, damit die Masse nicht zusammenfällt. Alles abkühlen lassen.

Orangensauce

Wenn die Creme gut abgekühlt ist, die Sahne vorsichtig unterheben. Die Parfaitmasse ist nun fertig.

Kleine Formen mit Frischhaltefolie auslegen. Mit einem Esslöffel Parfaitmasse in die Formen füllen. 24 Stunden gefrieren lassen. Vor dem Servieren 5 Orangen auspressen und in einem Topf mit der Stärke verrühren.

Den Puderzucker hinzufügen und umrühren. Langsam aufkochen, bis die Mischung eindickt. Abkühlen lassen. Die Parfaits auf Teller stürzen und mit Orangenfilets, Sesam und Minzeblättern garnieren. Ringsum Orangensauce angießen.

Dattelkugeln

Vorbereitungszeit: *40 Minuten*
Schwierigkeitsgrad: ★

Für 4 Personen

400 g	Datteln
3 Scheiben	Toastbrot
50 ml	Olivenöl
50 g	gesalzene Butter
100 g	Zucker

Die Oase von Tozeur ist berühmt für ihren wunderbaren Palmenhain, der sich über mehr als Tausend Hektar erstreckt. In dieser Region im Südwesten Tunesiens lebt ein Großteil der Menschen noch von der Dattelernte. Die beliebte Frucht hat ihren festen Platz in der Landesküche.

Dattelkugeln (*rfiss*) werden besonders von den Nomaden sehr geschätzt. Wenn sie mit ihren Tieren umherziehen, tragen Ziegenhirten, Kameltreiber und Schäfer diese Süßigkeit in einem kleinen Leinenbeutel (*mokhla*) bei sich und genießen sie mit einem Glas Milch.

Die Dattelkugeln bestehen hauptsächlich aus gehackten Datteln, Zucker, salziger Butter, Olivenöl sowie Semmelbröseln und sind problemlos zubereitet. Sie liefern viel Energie und bleiben mehrere Tage lang frisch.

Die Oase von Tozeur ist für die Qualität ihrer Datteln bekannt. Nur die weiblichen Bäume tragen Früchte, nachdem sie von den männlichen befruchtet wurden. Unser Küchenchef hat für sein Rezept die Sorte *allig* gewählt, die mahagonibraun und relativ groß ist.

Wenn Sie keine frischen Datteln verwenden, empfehlen wir Ihnen, die Früchte 1–2 Minuten in kochendem Wasser zu blanchieren.

Damit dieses Rezept gut gelingt, muss die gesalzene Butter Zimmertemperatur haben. In der tunesischen Küche wird diese Zutat als Gewürz eingesetzt und verleiht den Gerichten und Backwaren eine leicht säuerliche Note. Das Toastbrot, das hier zur Herstellung von Paniermehl verwendet wird, können Sie auch durch gerösteten Grieß ersetzen.

Die Datteln entsteinen und durch den Fleischwolf drehen oder in der Küchenmaschine zerkleinern.

Die Toastbrotscheiben in der Küchenmaschine zu Semmelbröseln verarbeiten. Diese mit den fein gehackten Datteln mischen und mit den Fingern verkneten.

50 ml Olivenöl zugießen und alles gut mit den Fingern verkneten.

Die gesalzene Butter hinzufügen und alles zu einem glatten Teig verarbeiten.

50 g Zucker hinzufügen.

Mit den Händen gleich große Kugeln formen. Die Kugeln im restlichen Zucker wälzen und auf einer Platte servieren.

Dattel-Grieß-

Vorbereitungszeit: *15 Minuten*
Garzeit: *25 Minuten*
Schwierigkeitsgrad: *

Für 4 Personen

200 g	feiner Grieß
	Salz
200 ml	Olivenöl
250 g	Datteln
50 g	Puderzucker

Zum Garnieren (nach Belieben):

50 g	geschälte Pistazien
50 g	Mandeln
50 g	Haselnüsse
50 g	Pinienkerne
4	Feigen

Diese traditionelle Spezialität aus Kairouan gehört zu den Süßspeisen, die nachts während des Ramadan serviert werden. Man genießt sie mit einem Joghurttrunk oder *lben*. Während des restlichen Jahres essen die Tunesier die Speise mit Kaffee zum Frühstück.

Die wichtigste Zutat ist Hartweizengrieß, der für dieses Rezept möglichst sehr feinkörnig sein sollte.

Datteln sind eine wichtige Exportware Tunesiens. Neben Fischereierzeugnissen und Olivenöl sind sie das drittwichtigste Handelsprodukt des Landes. Dattelpalmen werden vor allem im Süden, in der Gegend von Chott el Jerid, angepflanzt und liefern jährlich etwa 95 000 Tonnen Früchte. Die Oasen von Tozeur, Kebili und Tamerza sind besonders bekannt für die Qualität und Menge ihrer Datteln.

Unter der Sonne Tunesiens reifen etwa 150 verschiedene Sorten, doch nur vier sind verbreitet und werden exportiert: *degelt nour* (75% der Pflanzungen), *kenta, khuwat* und *al-lig*. Unser Küchenchef bevorzugt für dieses Rezept ganz frische Datteln der letztgenannten Sorte. Sie sind weich, sehr süß und mahagonifarben und lassen sich leicht zerdrücken, sodass sie sich gut mit dem Grieß vermischen. Da Datteln ausschließlich im November reifen, müssen Sie während des übrigen Jahres getrocknete Früchte verwenden, die vorher eingeweicht werden sollten.

Je nach Geschmack können Sie die Datteln auch durch getrocknete, eingeweichte Feigen ersetzen und die *rfissa* mit gehackten Pistazien, Mandeln, Haselnüssen oder Pinienkernen garnieren.

Den Grieß in eine Schüssel füllen und leicht salzen. 100 ml Olivenöl sowie ein wenig Wasser zugießen und kneten, bis ein glatter Teig entsteht.

Ein Backblech einölen. Mit der flachen Hand den Teig darauf verteilen und ein Rechteck formen. 25 Minuten bei 220 °C backen.

Datteln halbieren und die Steine entfernen. Mit einem kleinen Messer das Fruchtfleisch in feine Streifen schneiden.

Dessert

Den Grießteig in kleine Stücke brechen und in einem Mörser mit einem Stößel zerkleinern.

Die Dattelstreifen hinzufügen und alles mit den Fingern vermischen. Etwas Teig in die Hand nehmen und gut durchkneten, sodass der Teig fein zerbröselt.

Puderzucker und etwas Olivenöl hinzufügen. Alles gut verrühren. Einen Schöpflöffel mit der Masse füllen, festdrücken und auf einen Teller stürzen. Mit gehackten Pistazien bestreuen.

Feigen-Samsa mit

Vorbereitungszeit: *33 Minuten*
Einweichzeit für die Feigen: *30 Minuten*
Garzeit: *25 Minuten*
Schwierigkeitsgrad: ★★

Für 4 Personen

200 g	getrocknete Feigen
5	Orangen
3 EL	Honig
½ TL	feiner Zucker (nach Belieben)
2	Eiweiß
100 g	gemahlene Mandeln
30 ml	Orangenblütenwasser

5	*malsouka*-Teigblätter (ersatzweise Filo-Teig)
1 EL	Erdnussöl
25 g	Butter
50 g	Puderzucker

Sauce:

3	Blutorangen
1 TL	Stärke

Zum Garnieren:

4	frische Feigen (nach Belieben)

Die Halbinsel Cap Bon ist der größte Obstgarten Tunesiens. Die Stadt Nabeul, aus der unser Küchenchef stammt, ist außerdem für ihren Kamelmarkt, das Kunsthandwerk, die Feigenbäume und Orangenplantagen bekannt.

Rafik Tlatli wollte mit seinem Rezept die verschiedenen regionalen Erzeugnisse zur Geltung bringen, die für die Küche der Region von entscheidender Bedeutung sind. Normalerweise wird die *samsa* ansonsten mit gemahlenen Mandeln und Eiweiß garniert.

Jedes Jahr findet in der Handelsstadt Nabeul ein Orangenfest statt. Zu den Sorten, die hier angepflanzt werden, zählt auch die Malteser-Orange genannte Blutorange. Sie besitzt ein besonders saftiges, leuchtend rotes Fruchtfleisch. Wählen Sie glänzende, schwere Früchte, die sich bei Raumtemperatur mehrere Tage frisch halten. Unser Küchenchef serviert die *samsa* mit einer Orangensauce. Je nach Jahreszeit können Sie aber auch rote Früchte als Beigabe wählen.

Feigen stammen ursprünglich aus dem Orient und werden im gesamten Mittelmeerraum gern frisch oder getrocknet verzehrt. Sie liefern viel Energie und sind reich an Fruchtzucker und Vitaminen. Nachdem sie in der Sonne getrocknet wurden, wäscht man sie mit Meerwasser und lässt sie wieder trocknen. Als Alternative für die *samsa* können Sie auch frische Feigen wählen, wodurch das Gebäck besonders leicht gerät.

Bei der Herstellung von Backwaren zeigt sich das kulinarische Können der Tunesier. Die kleinen *samsa*-Gebäckstücke mit Blutorangensauce sind eine hervorragende Kombination aus Süße und Säure – ein typisch orientalischer Genuss!

Die Feigen 30 Minuten in kaltes Wasser einlegen. 5 Orangen auspressen, bis etwa 300 ml Saft entstehen. Feigen mit Orangensaft, Honig und Zucker mischen. Alles in einen Topf gießen und 10 Minuten köcheln lassen.

Abkühlen lassen und Eiweiß, gemahlene Mandeln und Orangenblütenwasser hinzufügen. Etwas Eiweiß für die Teigblätter zurückbehalten.

Mit der Spitze eines großen Messers die Teigblätter in etwa 6 cm lange Streifen schneiden.

Blutorangensauce

Die Teigstreifen auf die Arbeitsfläche legen und etwas Feigenmasse jeweils auf den Anfang eines Streifens setzen.

Jeden Streifen zu einem Dreieck falten; dabei einmal nach links und einmal nach rechts knicken, um die Ränder zu schließen. Das Ende jedes Dreiecks mit Eiweiß verkleben.

Das Backblech einölen und die samsas mit geschmolzener Butter bestreichen. Bei 180 °C ca. 10 Minuten backen. Mit Puderzucker bestäuben. Die Blutorangen auspressen, den Saft erhitzen und die Stärke einrühren. Das Gebäck mit Sauce auf Tellern anrichten. Mit Feigen garnieren.

Sesamkugeln mit

Vorbereitungszeit: *25 Minuten*
Garzeit: *5 Minuten*
Schwierigkeitsgrad: ★

Für 4 Personen

500 g	Sesamsaaten
100 ml	Orangenblütenwasser
100 g	Puderzucker
100 g	feiner Zucker

Zum Garnieren:
3 Orangen (nach Belieben)
Minzeblätter

Diese *takoua* genannten Kugeln sind ein traditionelles Dessert aus der Gegend von Bizerte. Die rasch zubereitete Spezialität wurde ursprünglich in jüdischen Familien zubereitet, um den Sabbat zu feiern.

Die kleinen Kugeln aus Sesamsaaten sind eine wahre Köstlichkeit. Der Sesam sollte von Hand verlesen werden, um etwaige Verunreinigungen zu verhindern. Die ölhaltigen, kleinen, ovalen Samen werden häufig für orientalische Backwaren verwendet und beispielsweise zusammen mit Honig und Mandeln zu *halwa* verarbeitet.

In diesem Rezept spielen die destillierten Blüten des Orangenbaums eine wichtige Rolle. Vermischt mit Sesam, kann das Orangenblütenwasser sein feines Aroma besonders gut entfalten. Es kommt in vielen tunesischen Rezepten zum Einsatz.

In manchen Familien in Bizerte werden die *takoua* auch mit Geranienblüten- oder Rosenwasser aromatisiert.

Unser Küchenchef bevorzugt jedoch die Orange und garniert die Teller auch entsprechend. In Tunesien gibt es unzählige Orangenplantagen. Dieses Winterobst ist für seinen Gehalt an Vitamin A und C bekannt. Je nach Sorte schmecken die Orangen mehr oder weniger süß, sauer und aromatisch. Wählen Sie möglichst glänzende, schwere Früchte, die Sie mehrere Tage bei Raumtemperatur aufbewahren können.

Dieses Dessert ist sehr gehaltvoll. Wenn Sie trotzdem ein wenig Butter hinzufügen, zergeht es förmlich im Mund.

Die Sesamkugeln mit Orangenblütenwasser kann man zu jeder Tageszeit mit einer Tasse Pfefferminztee genießen.

Die Sesamsaaten auf die Arbeitsfläche streuen und mit den Händen etwaige Verunreinigungen aussortieren. Abspülen und abtropfen lassen. Etwa 10 Minuten trocknen lassen.

Sesam unter Rühren in einer Pfanne rösten. 2 Orangen auspressen und den Saft für die Dekoration beiseite stellen. Die letzte Orange schälen und filetieren.

Sesam und Orangenblütenwasser in den Mixer füllen. Bei hoher Geschwindigkeit mixen.

Orangenblütenwasser

Den feinen Zucker hinzufügen. Alles im Mixer zu einem glatten Teig verarbeiten.

Den Teig herausnehmen, durchkneten und einige Minuten ruhen lassen.

Puderzucker auf die Arbeitsfläche streuen. Die Sesammasse darin wenden und mit den Händen zu kleinen Kugeln formen. Auf einem Teller die Kugeln auf Minzeblätter setzen. Ein wenig Orangensaft zugießen und mit filetierten Orangenstücken garnieren.

Pistazienküchlein

Vorbereitungszeit: *40 Minuten*
Kühlzeit für den Teig: *5 Minuten*
Garzeit: *25 Minuten*
Schwierigkeitsgrad: ★★

Für 4 Personen

70 g	Mehl
50 g	Zucker
500 ml	Milch
10 ml	Jasminblütenwasser
2 EL	Olivenöl
100 g	gemahlene Pistazien

4	Eier
50 g	Puderzucker

Pistaziensauce:

5	Eier
100 g	Zucker
500 ml	Milch
50 g	gemahlene Pistazien

Zum Garnieren:
gemahlene Pistazien

Tarayoune ist ein traditionelles tunesisches Dessert. Der Legende nach verdankt es seinen Namen einem Aristokraten, der mit den militärischen Einrichtungen nicht besonders gut vertraut war. Ursprünglich war dieser Nachtisch, der aus einer weißen Basis, einer grünen Schicht mit Pistazien und einer Zabaione besteht, unter der Bezeichnung *kholozek el lioua* – »Kuchen des Oberst« – bekannt. Im Laufe eines Abends in Gesellschaft verwechselte der Aristokrat die Farben der militärischen Ärmelstreifen und bot seinen Gästen vom »Kuchen des Infanteristen« an, der *tarayoune* genannt wird. Und dieser Name blieb bis heute erhalten.

In den tunesischen Familien wird diese gehaltvolle Süßspeise das ganze Jahr über serviert. Pistazien, die hier der mittleren Schicht ihre Farbe geben, dienen in zahlreichen orientalischen und mediterranen Rezepten als Zutat. Sie werden zwar in Tunesien angepflanzt, kommen aber ursprünglich aus Syrien. Die kleinen grünen Kerne stecken in einer Schale, die sich öffnet, wenn die Frucht reif ist. Dann werden sie von Hand geerntet und eingeweicht, um den fleischigen Überzug zu entfernen, und schließlich in der Sonne getrocknet. Pistazienkerne sind aufgrund ihres köstlichen Geschmacks sehr beliebt und verleihen diesen Küchlein ihren besonderen Charakter.

Die *tarayoune* werden mit Jasminblütenwasser aromatisiert. Sie können diese Zutat auch durch Rosen- oder Geranienblütenwasser ersetzen, das ebenfalls in der Gegend von Nabeul hergestellt wird.

Normalerweise werden die Pistazienküchlein auf einer Platte serviert und anschließend in Quadrate geschnitten. Unser Küchenchef schlägt vor, kleine Einzelportionen herzustellen und darauf mit gemahlenen Pistazien ein Schachbrettmuster als Dekoration anzufertigen.

Mehl, Zucker und Milch in eine Schüssel füllen. Mit einem Schneebesen verrühren.

Die Mischung durch ein feines Sieb geben. Für die Sauce das Eigelb der 5 Eier mit dem Zucker verrühren. Mit einem Schneebesen schaumig rühren. Heiße Milch und gemahlene Pistazien hinzufügen. 5 Minuten kochen, sieben, beiseite stellen und abkühlen lassen.

Bei geringer Hitze die Masse für die Küchlein unter Rühren erwärmen. Jasminblütenwasser hinzufügen. Rühren, bis eine leicht eingedickte Paste entsteht.

mit Pistaziensauce

Das Backblech mit Olivenöl einölen. Die Masse in kleine Backformen oder -ringe füllen. Abkühlen lassen. 5 Minuten in den Kühlschrank stellen.

Die Oberfläche der Küchlein dick mit gemahlenen Pistazien bestreuen.

Für die Zabaione das Eigelb von 4 Eiern zusammen mit dem Puderzucker schaumig rühren. Die helle Masse auf die Pistazienschicht gießen. 10 Minuten bei 100 °C backen. Die Küchlein aus der Form nehmen und mit Pistazien garniert anrichten. Die Pistaziensauce auf den Teller gießen.

Mandelplätzchen

Vorbereitungszeit: *40 Minuten*
Garzeit: *35 Minuten*
Schwierigkeitsgrad: ✭

Für 4 Personen

1	Zitrone
300 g	gemahlene Mandeln
95 g	Puderzucker
2	Eier

Zum Garnieren:
Puderzucker
Pistazien

Diese appetitlich dekorierten Mandelplätzchen werden von den Tunesiern *touagin* genannt. Ursprünglich wurden sie für den *Bey* hergestellt, sodass sie noch heute in Tunesien als besonders raffiniertes Gebäck gelten.

Touagin sind zwar problemlos zubereitet, erfordern jedoch etwas Geduld. Jedes Plätzchen muss vor dem Backen einzeln geformt werden.

Mandeln kommen aus Asien und sind ein wichtiger Bestandteil der orientalischen Küche. Die ovale, grüne und samtige Schale enthält ein oder zwei Kerne. Frische Mandeln werden in Tunesien in großen Mengen verzehrt und getrocknet.

Die Zitrone, die ebenfalls hier angepflanzt wird, verleiht sowohl salzigen Gerichten als auch Gebäck ihr wunderbares Aroma. Die Zitrusfrucht mit dem hohen Vitamin-C-Gehalt hält sich im Gemüsefach des Kühlschranks ein bis zwei Wochen. Wenn Sie die Schale verwenden möchten, sollten Sie unbehandelte Früchte wählen.

Unser Küchenchef legt besonderen Wert auf die schöne Dekoration der *touagin*. Sind diese abgekühlt, werden sie in Puderzucker gewälzt. Nach dem Kristallisieren wird diese beim Backen häufig verwendete Form fein gemahlen und mit Stärke gemischt, damit sie streufähig bleibt.

Ein besonderer Blickfang der Mandelplätzchen sind die bei den Tunesiern so beliebten Pistazienkerne. Möglicherweise wurden die ersten Pistazien schon vor über 2000 Jahren im Mittelmeerraum gepflanzt. Die grünen Kerne mit dem milden Geschmack sind reich an Kupfer und Magnesium.

Um die tunesische Note zu unterstreichen, sollten Sie den Tisch mit Blumen schmücken. Im Frühjahr erinnert das Land der tausend Düfte an einen riesigen Garten.

Die Zitrone schälen und die Schale in kleine Würfel schneiden. Für den Teig die gemahlenen Mandeln, 90 g Puderzucker, Eier und Zitronenschalenwürfel in einer Schüssel verrühren.

Die Masse zu einem glatten Teig verkneten.

Den Teig zu Rollen mit etwa 4 cm Durchmesser formen.

Die Rollen in kleine Stücke teilen. Die Pistazien hacken und für die Dekoration beiseite stellen.

Mit einer Gebäckzange die Teigstücke mit Randmulden verzieren. Die Mitte leicht mit dem Finger eindrücken.

Das Backblech mit den restlichen 5 g Puderzucker bestäuben und die Plätzchen darauf legen. 35 Minuten im Ofen bei 130 °C backen. Abkühlen lassen und in Puderzucker wälzen. In die Mulde gemahlene Pistazien füllen und die Plätzchen auf einer Servierplatte anrichten.

Die Köche

Mimoun Arroum

Chedly Azzaz

Mohamed Bouagga

Mohamed Boujelben

Mohamed Boussabeh

Chokri Chtéoui

und Konditoren

Mohamed Korbi

Sabri Kouki

Moez Ksouda

Ali Matri

Rafik Tlatli

Fethi Tounsi

Abkürzungen:

kg = Kilogramm
g = Gramm
l = Liter
ml = Milliliter
EL = Esslöffel
TL = Teelöffel
Msp. = Messerspitze
1 Tasse = 125 ml
1 Glas = 125–150 ml

Realisierung und Produktion: Fabien Bellahsen und Daniel Rouche
Fotos und technische Leitung: Didier Bizos
Fotoassistenz: Gersende Petit-Jouvet
Redaktion: Elodie Bonnet und Nathalie Talhouas
Redaktionsassistenz: Fabienne Ripon
Fachliche Beratung: Rafik Tlatli

Danksagung:
Ministerium für Tourismus, Freizeit und Handwerk Tunesien, Nationalbüro für Tourismus Tunesien (Tunesien und Paris), Nationalbüro für das Handwerk Tunesien, SOCOPA Tunesien

Originaltitel: *Délices de Tunisie*
ISBN: 2-84690-243-7

KÖNEMANN ist eine Marke und ein Imprint der Tandem Verlag GmbH

Übersetzung aus dem Französischen: Birgit Janka für rheinConcept, Wesseling

Projektkoordination: Isabel Weiler
Redaktion und Satz: rheinConcept, Wesseling

Printed in Germany

ISBN 3-8331-2343-5

10 9 8 7 6 5 4 3 2 1
X IX VIII VII VI V IV III II I